HISTOIRE

DU

CHEF DE CAUX

ET DE

SAINTE-ADRESSE

PAR

ALPHONSE MARTIN

Secrétaire de la Société Havraise d'Etudes diverses

FÉCAMP

IMPRIMERIE DE L. DURAND, PASSAGE AUTREUIL

—

1881

LE

CHEF DE CAUX & SAINTE-ADRESSE

Notes pour servir à l'Histoire de l'Abbaye de Valmont, brochure, petit in-8°, de 85 p. — 1876.

Notice historique sur Sanvic et le Protestantisme dans cette Paroisse, au Havre et les environs. 1 volume in 8°, de 432 pages. — 1877.

La Confrérie et Charité de Notre-Dame de Sainte-Adresse, brochure in-8°, de 16 pages. — 1877.

Glanes historiques sur le Havre et son Arrondissement, petit in-8° de 200 p. (1878). — Un Episode de l'Invasion Anglaise, au xvᵉ siècle. — Le Palais de Justice du Havre, en 1690. — L'Imprimerie au Havre, avant 1790 — Les Milices Gardes-Côtes. — Les Léproseries du Gouvernement du Havre.

Le Carnaval d'Autrefois, revue rétrospective, brochure in-8° de 20 p. — 1879.

Histoire de l'Hôpital Général du Havre et du Pré-de-Santé de Saint-Roch, 1 volume in-8° de 200 p. — 1879.

Les Anciennes Communautés d'Arts et Métiers du Havre. — Etude historique, 1 volume in-8°, de 244 pages — 1880.

HISTOIRE

DU

CHEF DE CAUX

ET DE

SAINTE-ADRESSE

PAR

Alphonse MARTIN

Secrétaire de la Société Havraise d'Etudes diverses

FÉCAMP

IMPRIMERIE DE L. DURAND, PASSAGE SAUTREUIL

—

1881

TIRAGÉ

—

Exemplaires numérotés sur papier vergé   75
Exemplaires sur papier ordinaire   175

Total.   250

AVANT-PROPOS

Le double titre de ce livre indique déjà suffisamment la division du sujet que je me propose de traiter aujourd'hui. L'étude historique du village et du port du CHEF DE CAUX, précèdera celle de la paroisse de SAINTE-ADRESSE, de même que les premiers ont précédé la seconde dans l'ordre chronologique ; et j'ai placé l'histoire de la seigneurie et des seigneurs de Vitanval entre ces deux époques, parce qu'elle s'applique à l'une et à l'autre.

Cette partie du Pays de Caux présente deux périodes historiques parfaitement distinctes. Pendant la deuxième moitié du moyen âge (je laisse de côté la première à cause de son obscurité), le Chef de Caux était un port fortifié et d'une certaine importance. Plusieurs navires sont partis de ce point à diverses reprises pour concourir à des expéditions militaires, et des *flottes ennemies y ont abordé pour envahir la Normandie. Le XIVᵉ* SIÈCLE *fut l'époque de la prospérité de cet endroit qu'un roi de France qualifiait du titre de* VILLE.

Ensuite, le port se trouve détruit par la mer, les habitants sont obligés d'établir leurs maisons et leur église plus loin, pour se mettre en dehors des atteintes des flots. Ce nouveau village devient et reste très-modeste, très-pauvre pendant quatre siècles, puis après bien des incertitudes, pour lui restituer son importance maritime, une nouvelle transformation s'opère ; le petit village de Sainte-Adresse est recherché par les riches habitants et bourgeois du Havre ; des savants, des littérateurs, des étrangers séduits par la beauté du site, viennent y passer l'été chaque année, et le village se trouve tout à fait à la mode ; c'est le faubourg du Havre qui va être uni maintenant à la cité par un boulevard magnifique.

Entreprendre avec des matériaux épars et incomplets l'histoire d'une ville et d'un port disparus de fond en comble depuis près de cinq siècles, est, il faut l'avouer, extrêmement difficile ; dans ces conditions, l'archéologie ne peut suppléer à la rareté des documents écrits ; les suppositions remplacent souvent les preuves ; aussi le lecteur bienveillant excusera les erreurs d'appréciation que j'aurais pu commettre dans l'explication des textes si laconiques et si sommaires du moyen-âge.

*La seconde partie de cette étude, c'est-à-dire l'histoire de la paroisse et de la commune de Sainte-Adresse, présentait d'autres obstacles ; le peu d'importance de cette bourgade l'a fait négliger des anciens chroniqueurs et des historiens. Les documents écrits et notamment les archives paroissiales ont à peu près entièrement disparu. Les archives communales, depuis la Révolution de 1789, sont fort incomplètes ; quelques liasses de correspondance administrative, pour le commencement du XIX*e* SIÈCLE, et les registres du Conseil municipal depuis 1838, sont insuffisants pour écrire l'histoire d'une manière complète. Seul, l'état civil présente une suite de renseignements fort utiles à consulter.*

Néanmoins, et malgré ces circonstances défavorables, j'ai entrepris cette histoire, persuadé que le lecteur bienveillant appréciera surtout ma bonne volonté.

Je dois citer maintenant les noms et adresser des remerciements à ceux qui m'ont facilité la communication des documents et procuré des renseignements, soit verbalement soit par écrit.

Merci d'abord à M. Jules Alleaume, maire actuel de la commune de Sainte-Adresse, pour m'avoir autorisé à compulser les archives municipales. Merci à M. l'abbé Bellenger, curé de cette Paroisse, qui m'a communiqué le peu d'archives paroissiales sauvées de l'insouciance de quelques-uns de ses prédécesseurs ou de la tourmente révolutionnaire.

Merci à M. Albert de Larbre, généalogiste à Bléville, qui m'a laissé profiter, avec un entier désintéressement, de ses recherches et de ses documents sur les anciens seigneurs et la seigneurie de Vitanval.

Merci à M. de Beaurepaire, archiviste de la Seine-Inférieure, toujours si complaisant pour les historiens éloignés du chef-lieu.

Merci à M. I. Lemonnier, de Sainte-Adresse, l'un des propriétaires du manoir de Vitanval, pour son obligeante communication de ses anciens titres de propriété, fort intéressants au sujet de l'histoire de la seigneurie de Vitanval.

Merci à M. E. Dumont, l'un des auteurs de l'histoire d'Harfleur, pour la communication de quelques documents recueillis aux archives de cette ville, et concernant le Chef de Caux ; à M. Martin, attaché au secrétariat des archives nationales, pour ses documents sur le port du Chef de Caux, au XIVe SIÈCLE, et à M. Charles Vesque, auteur de l'Histoire des Rues du Havre, pour ses renseignements sur la *commune de Sainte-Adresse au* XIXe SIÈCLE.

Merci à MM. Pellot, Gassen et Bucaille, pour leurs renseignements verbaux ; à M. Piart, secrétaire de la mairie de Sainte-Adresse, pour son obligeance dans les recherches que j'ai faites à la mairie.

Merci enfin aux habitants de Sainte-Adresse, du Havre et des environs, qui ont souscrit à cette publication avec tant d'empressement. Leurs noms seront transmis aux générations futures par la liste insérée à la fin de ce volume, car ils ont compris combien est intéressante l'histoire locale, et ils ont su apprécier les efforts de l'auteur de cet ouvrage ; grâce à leurs nombreuses souscriptions, cette publication a obtenu un succès complet, et par leur bienveillance, j'ai été bien dédommagé de mes démarches et de mes travaux.

Alphonse MARTIN.

1er Décembre 1880.

HISTOIRE

DU

CHEF DE CAUX & DE SAINTE-ADRESSE

CHAPITRE PREMIER

DESCRIPTION

Description en 1825. — Depuis 40 ans, Havrais et étrangers envahissent Sainte-Adresse. — Cette sainte ne néglige rien pour leur être agréable. — Communications anciennes et actuelles. — La commune est divisée en deux sections, l'une aristocratique, l'autre ouvrière. — L'ancien cimetière, quelques tombes. — La nouvelle église, sa description. — Le cap de la Hève. — Le pain de sucre. — Chapelle de N.-D.-des-Flots, sa bannière.

L y a un demi-siècle, un écrivain qui a recueilli au Havre le droit de cité (1) dépeignait dans ces termes, empreints sans doute d'un enthousiasme un peu exagéré, le village de Sainte-Adresse dont nous allons rappeler l'histoire.

(1) Morlent : Le Havre ancien et moderne. 1826.

« La délicieuse vallée de Tempé, que les
« poëtes de tous les temps se sont plu à embellir
« des prestiges de leur imagination, n'a rien sans
« doute que puisse lui envier le vallon de Sainte-
« Adresse ; ses eaux limpides, les douces collines
« qui l'embrassent, ses petits jardins où cette
« fois la main de l'art n'a point outragé l'œuvre
« de la nature (2), cette fraîcheur si pure que l'on
« y goûte en respirant le parfum de mille fleurs
« que n'emporte pas le vent de la plaine, tout
« charme, tout séduit et l'on s'écrie : Heureux
« celui qui peut passer sa vie dans un séjour
« que Flore et Pomone embellissent !

« La déesse Hygie l'habite toute l'année,
« et par une heureuse alliance avec Borée, l'une
« et l'autre se disputent le plaisir de protéger
« ce nouvel Eden contre le hideux cortège des
« infirmités humaines.

« Peintres, saisissez vos crayons et que son
« image renaisse sous vos pinceaux imitateurs ;
« Poëtes, venez y chercher des inspirations, il
« n'en a point refusé à l'auteur des *Etudes de*
« *la nature ;* Amants, venez lui demander de
« l'ombrage et du mystère, vous trouverez tout
« cela dans le vallon de Sainte-Adresse. »

(2) Cette appréciation ne serait pas exacte aujour-
d'hui, car l'art et la nature y ont dessiné de magnifiques
parterres.

Cette invitation si gracieuse, peut être renouvelée aujourd'hui aux voyageurs et touristes en quête d'un séjour agréable et confortable.

Le village de Sainte-Adresse a bien changé depuis cinquante-cinq ans ; néanmoins, on y rencontre encore les avantages signalés par M. Morlent à coté des améliorations de tous genres.

Depuis 40 ans, havrais et étrangers se sont disputé à prix d'or, le sol de ce coquet village, qui est devenu le rendez-vous des promeneurs ; ceux-ci y processionnent le dimanche, ainsi que le disait naguère un bon pêcheur dépossédé par un riche négociant qui avait fait de sa hutte un somptueux pavillon.

Les étrangers font de fréquents pèlerinages à cette sainte, qui n'a rien négligé pour leur être agréable et délectable. A la guinguette bourgeoise et traditionnelle de Dalgot, immortalisée par maints touristes et anglais, ont succédé d'autres établissements plus en harmonie avec les goûts d'élégance et les penchants gastronomiques de notre siècle.

Enfin, un sanctuaire vénéré, dédié à la Vierge Marie, attire journellement, à Sainte-Adresse, de nombreux et fervents chrétiens et chrétiennes, qui y laissent beaucoup de témoignages de leur reconnaissance.

Les communications entre le Havre et Sainte-Adresse sont d'ailleurs beaucoup plus faciles et plus rapides de nos jours qu'elles ne l'étaient à la fin du siècle dernier. Alors, le chemin du Havre était peu sûr et souvent les pêcheurs ainsi que les jardiniers venant au marché, étaient rançonnés par des rodeurs, ce qui a inspiré en 1863, à Madame Hautcœur, un roman intitulé : « Le Coupe-Gorge de Sainte-Adresse. » En 1852, un touriste écrivait (1): « Sainte-Adresse possède de nombreux cabarets et *un affreux système d'omnibus.* » Le chemin public (2) était encore si impraticable en 1859, que la commune payait une redevance de 300 fr. pour utiliser un passage privé établi dans la carrière des Brindes. Aujourd'hui, la ligne des tramways permet de communiquer rapidement entre le Havre et Sainte-Adresse.

Vers 1845, ce village a commencé à tirer un bon parti de son admirable situation ; des rues s'y sont ouvertes, de nombreux pavillons s'y sont élevés. Depuis l'année 1858, les rues sont éclairées au gaz. Une mairie et des écoles ont été édifiées en 1860.

Aujourd'hui, la commune se trouve partagée en deux sections : l'une aristocratique et l'autre populaire. De la plage jusqu'à la moitié

(1) Armand Braschet : De Sainte-Adresse à Luchon.

(2) Actuellement rue des Brindes.

du vallon, ce ne sont que maisons de plaisance et pavillons luxueux, depuis le châlet d'une ex-reine jusqu'au castel si coquet d'une comédienne célèbre. Dans le milieu du vallon et aux fonds d'Ignauval, la physionomie change : ce sont de petites habitations d'ouvriers, anciennes ou modernes, entremêlées de modestes pavillons. Au milieu de cette population variée, s'élèvent plusieurs édifices dont nous nous occuperons dans ce livre.

Voici d'abord l'ancienne église, respectée par les siècles, mais délaissée des hommes qui lui ont préféré, non sans raison, un temple beaucoup plus élégant et plus riche. L'ancienne église, condamnée à une destruction prochaine, est entourée d'un petit cimetière supprimé en 1851, qui va aussi disparaître. Si nous entrons dans cet asile abandonné des vivants et des morts, nous remarquons une croix bien pauvre et informe, au pied de laquelle se sont agenouillées plusieurs générations. Plusieurs pierres tombales noircies et presque illisibles, gisent encore sur le sol ; quelques-unes rappellent des noms qui ont joui, à Sainte-Adresse, d'une notoriété bien méritée. Voici d'abord deux anciens maires de cette commune ; le premier, M. Charles-Amand de Larbre, ancien administrateur de l'Hôpital du Havre, chevalier de la Légion d'honneur, mort en 1819; le second,

M. Thomas - François Paumelle , décédé en 1837.

A côté de ces deux fonctionnaires repose un ancien défenseur de la France, sa patrie d'adoption, Antoine-Joseph Batalha, né en Portugal, le 1er octobre 1780, naturalisé français, capitaine d'infanterie, chevalier de la Légion d'honneur, mort à Sainte-Adresse, le 18 mai 1837. Enfin, nous voyons la tombe du représentant d'une ancienne famille de Sainte-Adresse, Louis-Augustin Pinel, ancien juge de paix, né au Havre, le 28 décembre 1752, décédé à Sainte-Adresse, le 16 février 1833. Saluons ces pierres sépulcrales qui évoquent des souvenirs si intéressants ; ce sera peut-être la dernière fois, car elles seront bientôt brisées. Souhaitons à ceux qu'elles recouvrent de reposer en paix, suivant le vœu qu'elles expriment.

L'ancienne et la nouvelle église sont situées l'une à côté de l'autre. Laissons la première et admirons la seconde, car nous nous trouvons en présence d'un édifice remarquable, béni solennellement et livré au culte le 29 juillet 1877 ; arrêtons-nous un moment devant ce monument et étudions-le dans ses détails.

Le style adopté est l'ogive primitive, c'est-à-dire du XIIIe siècle ; le plan se compose d'un portail principal, d'une nef centrale, de deux nefs latérales se rejoignant derrière le chœur, et de trois chapelles disposées en éventail. Ce plan est tout à fait en rapport avec les anciennes églises de cette époque; mais le peu de développement de la nef, dans celle de Sainte-Adresse, a nécessité une diminution appréciable dans la superficie du chœur.

La déclivité du terrain a permis d'établir une crypte souterraine remarquable par sa voûte presque plane, de huit mètres de portée, et qui, au dire des connaisseurs, est d'une exécution hardie. Trois perrons, dont un principal, non encore achevé, et deux latéraux servent d'accès à l'église, et contribuent beaucoup à faire ressortir la légèreté de l'édifice.

L'appareil de construction se compose de pierres de taille pour le portail, la tour et la flèche, ainsi que les fenêtres et les autres ouvertures, et de briques blanches pour les murailles.

L'édifice est éclairé par de nombreuses fenêtres, composées de deux lancettes géminées et surmontées, soit d'un trèfle, soit d'un quatre-feuilles arrondis, le tout encadré dans un cordon de dents de scie. Ces fenêtres sont simples et les meneaux un peu massifs.

L'intérieur offre un coup d'œil agréable, les piliers, composés de fûts cylindriques accolés de 4 colonnettes, sont très-hardis; l'étage inférieur est surmonté d'un *triforium* ou galerie aveugle, consistant en petites colonnettes reliées avec des

arcs trilobés et surmontées de trèfles dans les
intervalles supérieurs; au-dessus du *triforium*,
dans le bas de l'église, existe une tribune correspondant à la rosace extérieure du portail; on
doit y installer l'orgue. Cette tribune est trop
élevée; il aurait été préférable, pour l'abaisser,
de supprimer à cet endroit le *triforium*. L'effet
des rosaces ne peut-être apprécié que de l'intérieur; or, celle de l'église de Sainte-Adresse
ne peut être vue dans tout son développement.

Le maître-autel est fort remarquable, et le reste
du mobilier est aussi élégant que riche. Citons
encore le charmant autel de la Vierge, avec ses
dorures appliquées sur la pierre, sur toutes les
parties saillantes; cette nouvelle combinaison, or
et pierre, produit un très joli effet.

L'église est d'une dimension ordinaire; sa longueur, du portail au chevet, est de 40 mètres, sa
largeur ne dépasse pas 14 mètres, soit une
surface de 560 mètres environ.

Le clocher s'élève jusqu'à une hauteur de
44 mètres, la tour et la pyramide sont entièrement construites en pierre; la tour est flanquée, à
sa base, de deux clochetons séparés par une
petite ouverture destinée à l'horloge et placée au-
dessus de la grande rosace du portail. Cette tour
est percée, sur chacune de ses quatre faces, de
deux fenêtres géminées, et immédiatement au-
dessus se trouve la base de la flèche, dont les

quatre angles sont garnis de petits clochetons reliés par de petites lucarnes ou fenêtres en attique.

La pyramide, actuellement achevée, est de forme octogone, comme à Notre-Dame-de-Bon-Secours, près Rouen. Les angles, sans crochets, sont formés de huit nervures se terminant, au sommet, par un bouquet composé de quatre crochets servant de base à la croix. Les décorations des panneaux intermédiaires imitent des tuiles festonnées de différents modèles, et pour rompre leur simplicité, on a eu la bonne pensée de les percer de trous découpés en trèfles, roses et quatre-feuilles, formant autant de petits dessins noirs qui produisent un bon effet. En résumé, cette flèche paraît très-bien réussie et couronne dignement l'église de Sainte-Adresse. Les plans ont été dressés par M. Barthélemy père, architecte diocésain, à Rouen, et exécutés par M. Certain-Fauvel, du Havre.

Nous laissons de côté les restes du manoir de Vitenval, dont nous donnerons plus loin une description historique. Et maintenant, gravissons le plateau de la Hève.

Remarquons d'abord ce cap un peu camard, reculant chaque année d'une semelle devant la mer qui ne lui laisse ni répit ni trève, et qui finira par l'anéantir complètement dans des temps où nous ne serons plus. La Hève, dont on parlera longtemps après qu'elle aura cessé d'exister, parce que vivante elle aura été chantée par les poëtes, célébrée par les grands écrivains, visitée par les rois et les empereurs, explorée par les savants, exploitée par les ignorants.

Cette roche qui baigne, à deux pas, toute nue
Sa base dans la mer, sa tête dans la nue,
C'est la Hève, le cap aux phares vigilants,
Qui, la nuit, jette en mer ses feux étincelants
Comme un nœud de rubans, à son front elle agrafe
Près de son double phare un double télégraphe
Dont les mâts pavoisés aux signaux de la tour (1),
Des vaisseaux attendus dénoncent le retour.
Près de là, Sainte-Adresse, aux campagnes fleuries,
Nous repose un instant sur ses vertes prairies,
Et sous l'ombrage frais de ses rians vallons,
Nous montre ses troupeaux épars sur ses gazons.

Telle est la description poëtique que Léon Buquet publiait en 1839. Depuis cette époque, divers points tels que le *Pain de sucre*, la *Chapelle de Notre-Dame-des-Flots*, l'établissement de la Société havraise de Tir, appellent l'attention du promeneur.

Quel est cet imposant pain de sucre raffiné, s'écrie M. Xavier Aubryet, qui se campe fièrement sur un piédestal et s'entoure d'une grille sévère ; serait-ce un lieu de pèlerinage pour le

(1) La tour François Ier, démolie en 1861, avait sur sa plate-forme les signaux du sémaphore.

corps de l'épicerie ? Ce monolithe, qui est d'un grain blanc et serré, serait-il plutôt la protestation de la canne contre la betterave ? Non, c'est un mausolée élevé à la mémoire d'un général célèbre, et cette entière blancheur est un point de repère pour les navigateurs. Voici la copie de l'inscription gravée sur cet amer : ·

A LA MÉMOIRE DU GÉNÉRAL
COMTE   LEFEBVRE   DESNOUETTES
NÉ EN 1773.
MORT   DANS   UN   NAUFRAGE   SUR   LES
COTES D'IRLANDE, LE 22 AVRIL 1822
LA   VEUVE   DU   GÉNÉRAL,   PRÉOCCUPÉE
DU SORT DES NAVIGATEURS ET DE LEURS
FAMILLES, A ÉLEVÉ CE MONUMENT
SUR UN POINT OU IL PRÉVIENT DES
MALHEURS EN SIGNALANT DES DANGERS (1).

A quelques pas de là se trouve la chapelle de Notre-Dame-des-Flots, dont les deux tourelles rappellent, en petit, l'extérieur de Sainte-Clotilde, de Paris. M. Huchon, architecte du Châlet de la reine Christine, a dressé les plans de cette chapelle, et M. Pupin les a exécutés.

Une partie de l'intérieur est ornée de peintures à fresque, dues au pinceau de M. Doudiet d'Austrives. Cet intérieur et le mobilier sont

(1) Ce mausolée contient depuis un an les restes mortels de la donatrice.

très-riches, la statue a été exécutée par M. Travers, le maître-autel surtout est un chef-d'œuvre de sculptures délicates et fines, les murailles sont tapissées de nombreux *ex-voto* ; les vitraux, offerts par plusieurs familles havraises, sont également distingués. On y remarque encore une bannière du xviie siècle, en tapisserie de Beauvais. « Ce bijou » du siècle de Louis xiv, mérite, d'après la Revue des Beaux-Arts, une mention toute particulière. Le fond est rouge damassé, de la teinte la plus fine que l'on puisse voir. Le médaillon ovale, qui en fait le motif principal, est orné d'une guirlande de fleurs attachées par des nœuds de ruban bleus et blancs, qui retombent en capricieuses grappes ; du fond se détache la sainte Vierge en pied tenant son divin enfant ; à droite, saint Joseph drapé dans un splendide manteau bleu. Cette bannière, unique en son genre, provient d'une de nos plus riches cathédrales pillées pendant la Révolution. Elle a été restaurée avec un goût exquis par la donatrice, Madame Saulière, de Paris.

En longeant la côte, après avoir visité la chapelle de Notre-Dame-des-Flots, nous passons à côté de l'établissement du tir, connu sous le nom de *Stand*, qui attire continuellement les disciples de Saint-Hubert et les compagnons de Mars. Plus loin se trouvent les signaux correspondant à ceux de la jetée du Nord, au Havre, établis en 1836, grâce à M. Luscombe, et dont les ingénieuses combinaisons ont eu pour effet de rendre faciles à la navigation les abords du port du Havre. Enfin, à l'extrémité Ouest du plateau et à quatre-vingt-trois mètres de distance l'un de l'autre, les deux phares construits en 1775, et restaurés en 1844. Ils sont élevés à cent quarante-un mètres au-dessus du niveau des hautes mers, la hauteur de la falaise étant à cet endroit de cent vingt-un mètres.

Après cette courte description, passons à l'étymologie des différents noms de ce village et des quartiers qui le divisent.

CHAPITRE II

ETYMOLOGIES — STATISTIQUE

Etymologie du nom de Sainte-Adresse. — Ce nom inexplicable. — Au contraire, le titre de chef de Caux est naturel. — *Caput caleti* à l'époque romaine. — Le chief de Caux, le quief de Caux ; saint Denis en chef de Caux, noms donnés jusqu'à la fin du xvᵉ siècle. — Pourquoi ce changement. — Opinions de Dom Duplessis, de MM. les abbés Sauvage et Cochet, Pinel, Bernardin de Saint-Pierre, Morlent, de Saint-Amand. — Sainte Adresse béate de la façon des marins. — Légende du navire prêt à se briser contre la Hève. — Sancta Birre. — Une église de sainte Adresse à Messine. — L'identité de cette sainte est incertaine. — Masculin ou féminin. — On emploie ce nom dès le xvıᵉ siècle.

.Etymologie de la Hève et des autres hameaux. — Statistique.

E nom principal de cette commune a subi autant de modifications que son territoire, tandis que celui-ci s'engloutissait à moitié dans les flots, celui-là était remplacé par une dénomination tout à fait imaginaire, et après une alternative de plus de deux siècles, le nouveau nom supplantait définitivement l'ancien.

Remarquons tout d'abord, qu'autant sont faciles l'explication et l'étymologie du nom primitif de *Chef de Caux*, autant sont obscurs et inexplicables l'origine et les motifs qui ont fait adopter celui de Sainte-Adresse, malgré de nombreuses dissertations qui n'ont guère éclairci la question.

En effet, en nous reportant aux premiers temps de l'ère chrétienne, nous voyons l'étendue de notre arrondissement comprise dans le pays des *Calètes* (1), connu plus tard sous le nom de *Pays de Caux*. A l'extrémité Ouest de ce territoire, un vaste promontoire, s'étendant jusqu'au banc actuel de l'Eclat, en forme la tête, le chef, d'où la désignation toute naturelle de *Chef de Calètes*, *Chef de Caux*, *Caput Caleti*.

Donc, même en l'absence de document écrit, il est permis de supposer que, par sa situation géographique, cet endroit, habité à l'époque gallo-romaine, était connu sous le nom de *Caput Caleti ;* c'est d'ailleurs l'opinion de M. Guilmeth et aussi celle de M. l'abbé Cochet.

Le premier, en parlant de Sainte-Adresse (2),

(1) D'après Strabon, géographe grec, né 5o ans avant Jésus-Christ.

(2) Description géographique et historique de l'arrondissement du Havre. 1838.

dit que son véritable nom est le *Chef de Caux*, et que ce nom, en latin *caput caletensium*, lui avait été donné parce que cette paroisse, autrefois fort considérable, était située sur un promontoire qui, dans les temps anciens, faisait partie du banc de l'Eclat, aujourd'hui séparé de la côte.

Au XIIIᵉ siècle, rapporte M. l'abbé Cochet, (1) Sainte-Adresse s'appelait le Chef de Caux, *Caput Caleti,* sans doute à cause de ce gigantesque promontoire des Calètes au pied duquel il s'abritait, comme un nid au pied d'un buisson ; nous ne serions pas surpris que le nom de *Caput Caleti* remontât à l'époque romaine.

Le plus ancien titre qui nous donne le nom de *Caput Caleti*, c'est le grand rôle de l'Echiquier de Normandie, de la fin du XIIᵉ siècle, publié en 1840, par Thomas Stapleton (2), historien anglais qui a dressé, à l'aide de ce rôle, une carte de la Normandie au XIIᵉ siècle. Nous y voyons figurer cette dénomination de *Caput Caleti* sur l'emplacement actuel de Sainte-Adresse.

Le Pouillé dit de Raoul Roussel ou d'Eudes Rigaud (3) mentionne au XIIIᵉ siècle, dans

(1) Eglises de l'arrondissement du Havre. 1846.

(2) Magni Rotuli saccarii normaniæ sub regibus angliæ.

(3) Une copie existe aux archives de la Seine-Inférieure.

le diocèse de Rouen, une église sous le titre de *Sancti-Dyonisi in capite catelli*, qui paraît se rapporter à Saint-Denis du Chef de Caux.

Plus tard, on a écrit : le Chief de Caux, Chef de Caux, Saint-Denis du Chef de Caux, le Ki de Caux, le Grouing de Caux et le Quief de Caux, de même qu'en Angleterre on appelle *Kief* le cap de Bévisiers.

Ce nom paraît avoir existé sans partage jusqu'à la fin du xve et même au commencement du xvie siècle. Alors, on voit apparaître la dénomination de *Sainte-Adresse*.

Quelle a été la cause de ce revirement? Pour quel motif a-t-on substitué un nom imaginaire à une dénomination si naturelle? Voilà un problème que nous allons aborder sans toutefois le résoudre entièrement.

Le savant bénédictin Dom Toussaint Duplessis écrivait en 1740 (1) sous le titre de *Chef de Caux*, que les matelots ont donné à ce lieu le nom de *Sainte-Adresse*, nom d'imagination, fondé sur ce que c'est un promontoire qu'ils aperçoivent de loin lorsqu'ils sont en mer et qui les guide ou leur sert d'*adresse* pour arriver au Havre.

M. l'abbé Sauvage (2) mentionne l'établis-

(1) Description de la haute Normandie.
(2) Harfleur au xive siècle. 1875.

sement du phare élevé à cet endroit en 1364, pour aviser le *chemin et adresse* des navires allant au port d'Harfleur. Cette expression, dit-il, confirme l'opinion de Dom Toussaint Duplessis.

C'est sans doute à la difficulté de doubler le cap, suivant M. Pinel (1), et de s'approcher du Havre par une habile et rapide manœuvre, que le nom de *Sainte-Adresse* fut donné au village dans lequel est ce cap. Sainte Adresse ne figurant dans aucune légende, elle ne peut-être qu'allégorique, et cette sainte ne fut invoquée pour doubler cet écueil dangereux que comme Forbin faisait recommander son équipage à *Sainte Pompe*, lorsque son vaisseau coulait bas.

M. l'abbé Cochet (2) est d'un avis différent : L'origine de ce nom vient, dit-il, des sires de Vitanval, seigneurs du lieu, qui étaient proprié-taires d'un fief de Sainte-Adresse ; ce qui est erroné. Il ajoute que dans un acte de 1719, ce seigneur s'appelle patron de Saint-Denis Chef de Caux, Vitanval, Sainte-Adresse et autres lieux, et que ce fief pourrait bien n'être autre chose que la chapelle de Saint-Andrieu, sur la paroisse de Bléville, Saint-Andrieu étant le

(1) Essais historiques et archéologiques sur les environs du Havre. 1824.

(2) Eglises de l'arrondissement du Havre. 1846.

nom vulgaire de Saint-André. Au mot « Bléville, » M. l'abbé Cochet dit encore « qu'il existe
« une ancienne chapelle de Sainte-Adresse ou
« de Sainte-Andrieu, et c'est peut-être la même
« qui est appelée chapelle de la Soubretonne.

Cette opinion nous paraît bien hasardée.
Voici maintenant celle de Bernardin de Saint-
Pierre, citée par M. Léon Buquet (1).

Bernardin de Saint-Pierre, ce grand obser-
vateur de tous les phénomènes de la nature, est
encore en cette matière une autorité respectable.
Ce nom de Sainte-Adresse vient probablement
d'un écho qui existe au cap de la Hève, l'ancien
promontoire des Calètes, et qui prévient, par
l'ouïe et par la vue, les marins des dangers de la
terre. Lorsque la mer est irritée, la vaste
montagne, formée de couches funèbres, de pierres
blanches et noires, avertit, par ses mugissements,
les gens de mer de prendre garde à eux.

Les mugissements de la vaste montagne ne
sont autre chose, sans doute, que les sifflements
du vent de nord qui s'engouffre et tourbillonne
dans les profondes crevasses des rochers, et qui
mêle au bruit de la mer roulant sur le rivage
d'énormes masses de galet, ses bruits tour à tour
aigus et sonores, terribles plaintes de la nature
bouleversée.

(1) Le Havre et son arrondissement. 1838.

C'est ainsi que Bernardin de Saint-Pierre, né sur ces rivages, a dû observer et a pu prendre sur le fait les bizarres phénomènes dont il parle.

M. Morlent (1) dit avec raison que Sainte-Adresse est une béate de la façon des marins ; son origine, tant soit peu profane, est racontée de la manière suivante : Emporté par les courants et prêt à se briser sur la Hève qui se prolongeait fort loin dans la mer, un vaisseau *(sic)* allait périr ; les matelots découragés avaient abandonné la manœuvre, le pilote, oubliant son gouvernail, imitait le reste de l'équipage et recommandait son âme à saint Denis, qui était alors le patron du village prochain : « Mes amis, dit le capitaine, qui avait conservé toute sa présence d'esprit, il faut invoquer sainte Adresse, son pouvoir est souverain pour nous faire entrer au port. » Les matelots reprirent courage, le navire aborda au Havre, et la sainte imaginaire a supplanté dans ce village le patron de la France (2).

M. de Saint-Amand ajoute à ce récit tout

(1) Le Havre et ses environs, 1828.
(2) A saint Sauflieu, commune du canton de Sains (Somme), appelé autrefois Sessolieu, saint Denis, patron de l'église, a été remplacé par le titre de saint Sauflieu, dont l'identité est très-douteuse.

fantaisiste (1) : « Je crois que ce capitaine avait séjourné dans les Etats romains et que son invocation à la prétendue sainte Adresse n'était qu'un reste de l'habitude des Italiens qui ne manquent pas de tout sanctifier dans leurs moments d'admiration. » Le fait suivant en fait foi :

Un prélat romain, qui avait été nonce à Bruxelles, se rappelant au milieu de l'ardeur d'une fièvre brûlante le plaisir qu'il éprouvait en buvant de la bière au cœur de l'été, s'écria : *Sancta Birre di Bruxelles.* Les assistants, croyant qu'il invoquait quelque sainte qui leur était inconnue, répondirent *ora pro nobis.*

Cet usage de sanctifier des mots ou des chose fort profanes, par allusion aux dates que le calendrier distingue par le nom des saints, existe aussi chez nous. On dit souvent la *sainte touche* pour désigner le jour de paye. M. l'abbé Tougard (2) a cité une fête populaire que les Cauchois appellent la *sainte prune,* parce qu'on y apporte ces fruits en grande quantité.

Il paraît cependant qu'il existerait dans une ville célèbre comme Sainte-Adresse par son phare

(1) Lettres d'un voyageur à l'embouchure de la Seine. 1828.

(2) Géographie de la Seine-Inférieure, arrondissement de Dieppe, page 59.

très-ancien, une église dédiée à sainte Adresse. M. Boucher des Perthes mentionne (1) avoir vu à Messine une église dédiée à *sainte Adresse*. Nous n'avons rien découvert qui puisse confirmer cette assertion, et il est à noter que l'église de Sainte-Adresse, près du Havre, n'a jamais eu une patronne ou un patron de ce nom (2); elle a presque toujours été sous le vocable de saint Denis, et quelquefois désignée sous le titre de Notre-Dame-de-Sainte-Adresse. Nous signalerons à ce sujet une erreur commise dans le martyrologe gallican, imprimé à la fin du 26e volume de l'*Histoire de l'Eglise gallicane* du P. Longueval (édition de 1828), où on lit à la page 2 : « Adresse, patron d'un village de ce nom, près du Havre » (3).

D'ailleurs, l'identité de cette prétendue sainte est si peu certaine (un titre de 1518 écrit même *sainte Audresche*), que tantôt on a écrit *saint Adresse*, c'est-à-dire au masculin, tantôt au féminin, et cela jusqu'en 1825, époque où l'on a adopté définitivement le féminin sur les registres

(1) Voyage à Constantinople par l'Italie et la Sicile.

(2) La paroisse de Saint-Josse-sur-Mer (Pas-de-Calais), bien qu'il y ait eu un saint de ce nom, avait saint Pierre pour patron, ce qui prouve encore que le village de Sainte-Adresse pouvait porter ce nom sans être placé sous son patronage.

(3) Note de M. l'abbé Tougard.

3

de l'état-civil. Ces registres mentionnent pour la
première fois en 1624 le nom de *Saint-Adresse,*
de même en 1672, 1756, 1762, 1777 à 1783,
1795 à 1825 ; dans ces intervalles, on avait
désigné la paroisse sous le titre de Saint-Denis
du Chef de Caux.

Plusieurs historiens ont fixé l'origine du
nom de Sainte-Adresse à une époque peu ancienne. M. l'abbé Cochet et M. de Freville placent
l'époque où l'on a commencé à se servir de
ce titre entre 1650 et 1700. Mais on voit dans
les documents sur la fondation du Havre, recueillis par M. S. de Merval, que les noms
de Sainte-Adresse et du Chef de Caux , dési-
gnaient indifféremment ce village dès le commencement du XVIᵉ siècle.

En effet, dans une enquête dressée en 1523,
à propos d'un procès entre le seigneur de Graville et le sieur du Chillou, le commissaire
enquêteur déclare avoir entendu comme témoins,
d'abord M. Philippe du Voisin, prêtre, demeurant « en la *paroisse de Saint-Denis, Chef de*
« *Caux,* distant du Havre d'une demi-lieue ou
« environ. » Et ensuite : « Jean Duval, demeu-
« rant en la paroisse de *Sainct-Adresse,* distant
« du Havre d'un quart de lieue. »

Nous ne croyons pas que ces mentions
puissent désigner deux villages différents, mais
bien deux sections du village, car M. de Marceilles

rapporte dans ses mémoires sur le Havre, écrits au xvi⁰ siècle, que les fontaines du Havre prennent leur source *en la paroisse de Saint-Denis, Chef de Caux, autrement dicte Sainte-Adresse.*

Il ne faut pas croire que le nouveau nom de Sainte-Adresse se soit substitué brusquement et définitivement à l'ancienne dénomination consacrée par plusieurs siècles. Les registres de l'état civil, qui donnent le nom officiel, démontrent, au contraire, qu'avant l'adoption définitive, il s'est écoulé un intervalle de *trois siècle*s pendant lequel l'incertitude a régné complétement. Par exemple, de 1550 à 1600, le nom de Saint-Denis Chef de Caux est seul employé. En 1624, on voit apparaître pour la première fois, ainsi que nous l'avons déjà dit, *Saint-Adresse* ; mais en 1626, on revient à Saint-Denis, Chef de Caux. En 1672, le titre était *Saint-Denis, Chef de Caux, dit Sainte-Adresse* ; puis on écrivit indistinctement Saint-Denis et *Sainte-Adresse* : Saint-Denis, Chef de Caux, Saint-Denis *du* Chef de Caux, Saint-Denis du Chef de Caux alias Sainte-Adresse. Mais souvent, lorsque le titre du registre est Saint-Denis, les actes contiennent dans le texte le nom de Sainte-Adresse. L'incertitude n'a cessé qu'en 1793 par l'acceptation du nom de Saint-Adresse. Cependant, trois mois après, la municipalité croyant retrouver dans cette patronne une véritable sainte, y substitua le titre de *commune du cap de la Hève*. Quelque temps après, on revint à Saint-Adresse, au masculin, puis, en 1825, à *Sainte-Adresse*, nom qui existe encore aujourd'hui.

Nous ajouterons que le dictionnaire de la France, publié en 1726, avait conservé le nom de *Chef de Caux*, pour désigner ce village. La carte de Tassin, publiée en 1634, indiquait également le *Chef de Caux;* mais l'auteur mentionnait à côté la *descente de Sainte-Adresse*, qu'il plaçait, à tort, au nord du cap.

En résumé et puisqu'il nous faut exprimer une opinion sur cette inexplicable dénomination de Sainte-Adresse, nous nous rallions à l'explication donnée par M. l'abbé Sauvage, c'est-à-dire qu'elle provient de la tour ou phare indiquant les *chemin et adresse* aux navires arrivant en Seine. Le fait suivant confirme encore cette opinion : En vieux français, *adresse* signifie *orientation, direction;* or, on voyait près de Gênes, la tour de la Lanterne destinée *à éclairer la nuit et « donner lumière d'adresse en mer aux navires « qui veulent Gênes approcher* (1).

Après avoir étudié l'étymologie et l'origine du nom principal, il nous reste à rechercher celles de la Hève et des autres hameaux de ce village.

(1) Chronique de J. d'Auton, citée par Jal, dans le *Glossaire nautique.*

La désignation de « Hève » appliquée au promontoire, est aussi ancienne que le nom de « Sainte-Adresse ». Jusqu'à la fin du xve siècle, le cap avait été connu sous le nom de *Chef de Caux*, *Chief de Caux, etc.*, *Cap de Caux*, ou Grouing de Caux. Nous connaissons l'explication des trois premiers noms, quant au troisième, Grouin signifie : avancement, prolongement, aussi la charte royale, ordonnant l'établissement d'un phare sur le cap, en 1364, dit qu'il sera établi sur le *Grouing de Caux*.

En 1476, le roi de France avait envoyé deux peintres à Harfleur, afin de « *pourtraire la côte de Caux* depuis le *Chief de Caux* jusqu'à Tancarville (1).

Divers titres établissent que dès le commencement du xvie siècle, on a employé le mot Hève pour désigner le cap de Sainte-Adresse. Les documents sur la fondation du Havre, publiés par la Société de l'histoire de Normandie, mentionnent le nom de Chef de Caux dans des titres de 1503 et 1518. Mais, dans d'autres, datés de 1524 et 1532, on remarque la désignation de « *la Hève du Chef-de-Caux*. »

Guillaume de Marceilles indique aussi la dénomination du cap de la Hève, lorsqu'il

(1) Document cité par M. de Beaurepaire.

rapporte dans le chapitre 31 de ses mémoires, que pendant le séjour de François Ier à Sainte-Adresse, en 1544, quelques navires d'Angleterre, arrivèrent *près de la Hève*. Cependant, un plan du Havre, exécuté en 1563, et appartenant à M. Séguin, de cette ville, désignait encore le *cap de Caux*.

Le nom de *Hève* s'appliquait uniquement aux falaises de Sainte-Adresse et non au plateau qui les relie au village de Sainte-Adresse. Au xviiie siècle, ce plateau était appelé le *hameau des Campagnes* ou des *Quatre-Fermes*. En 1789, la cavée des phares conduisant à ce quartier était nommée la *Houllegate?*

Quant à l'étymologie du mot *Hève*, on ne peut admettre avec M. Noël de la Morinière (1) qu'il ait une origine celtique, comme ceux de Carmont, du Hode, etc. Suivant M. Noël, *Ew* signifiant *eau* dans les dialectes de cette langue; on aurait nommé cette pointe le cap de l'Ew ou de l'Eau, parce que c'est la dernière pointe vers la mer quand on sort de la Seine, et que c'est elle aussi qui forme l'extrémité de la rive Nord de l'embouchure de ce fleuve, quand on arrive de la mer. Dans l'un et dans l'autre cas, ajoute M. Noël de la Morinière, la Hève est bien certainement la *pointe de l'eau*.

(1) La navigation de la Seine. 1802.

M. Botkine (1) croyait trouver la signification du mot Hève dans l'ancien nordique *har*, anglo-saxon *heaf*; danois *Har*; poméranien *haff*, qui signifient *mer*. En allemand, *hafen* signifie havre ou port de mer situé à l'embouchure d'un fleuve ou d'une rivière.

M. Littré, dans son dictionnaire, au mot *Hève*, dit qu'il s'applique, en Basse-Normandie, aux rochers creusés en dessous où les pêcheurs poursuivent les crabes. Peut-être est-ce là la véritable origine du nom *cap de la Hève*. Une pierre de dimension extraordinaire se sera détachée de la falaise et, sur le rivage, elle sera devenue une *hève* gigantesque qui aura donné son nom à cet endroit. Ceci est d'autant plus vraisemblable, qu'en 1523, on disait la *Hève du Chef de Caux*.

D'autres dénominations ont encore été données au cap de Sainte-Adresse. Pierre d'Avity (2) écrivait en 1637 : « Le cap ou promontoire de Caux avec un bourg qui porte le même nom, a sur son bord un fanal appelé communément le *Foyer de Guerre*, et la pointe du cap est nommée *Heurt d'Aine*. »

Heurt signifie *éminence*, quant au surplus, on ne s'explique pas sa signification :

« L'existence de ce fanal ou phare, lisons-

(1) Mémoires de la Société Havraise d'Etudes diverses. 1877.

(2) Description générale de l'Europe.

« nous dans le *Dictionnaire de la France* (1726),
« a porté les matelots à appeler le cap lui-même
« le *Foyer de Guerre*. » Ce titre lui était encore
donné il y a un siècle dans divers titres de propriété. Le même dictionnaire ajoute : « Ce cap est
nommé *Chef de Seine*, parce qu'il est à la tête, à
l'embouchure de la Seine. »

La partie de territoire désignée actuellement
sous le nom de baie ou anse de Sainte-Adresse,
porta longtemps le titre de *Port aux Bateaux*. A
une époque assez récente (1840), la rue Frédéric
Bellenger, au Havre, était connue sous le nom de
chemin allant de Saint-Roch au *Port aux
Bateaux*.

M. de Marceilles dit à ce sujet dans ses Mémoires, sous la date de 1536 : « En cette année, lors
de la guerre avec Charles-Quint et ses Espaignes
et qu'il était bruit que ses flamands prétendaient
dresser une armée, afin de venir en Caux surpren-
dre la ville du Havre, on aurait fait bâtir sur le
perrey, près le *Port aux Bateaux* et les *Tuileries*,
trois boulevards de tourbe garnis de canons. »

Le quartier des *Brindes* s'appelait, en 1802,
les Bringues, nom d'un petit village du département du Lot. Le fond d'*Ignauval* tire peut-être
son nom d'un habitant de ce val du nom de
Isnel, de même que l'ancienne commune d'I-
gnauville, près de Fécamp, a dû son nom à l'un
de ses seigneurs appelé Isnel.

Quant à la *Broche-à-Rôtir*, un hameau de ce nom existe aussi à Ignauville et à Mélamare. Cette désignation provient de la configuration des chemins, c'est-à-dire de la jonction des rues du Havre et de Vitanval, qui affecte la forme d'une broche. En 1616, ce même hameau était connu sous le nom de hamel d'Epimont ou de Pimont; il y avait à cet endroit une commune dite de Pimont, c'est-à-dire une terre communale où les habitants avaient le droit de faire pâturer leur bétail.

Enfin, le versant Est du vallon de Sainte-Adresse est quelquefois désigné sous le nom de côte de Tourneville, de même que l'un des quartiers de Graville. La famille Le Neuf de Tourneville possédait une propriété dans cette paroisse, et de là provient la désignation de *côte de Tourneville*.

Quelques chiffres vont nous faire connaître les variations qu'a subie la population de ce village et par suite les époques de son importance et de sa décadence.

D'après les patientes recherches de M. de Beaurepaire, sur la population de la généralité de Rouen, le Chef de Caux comptait, au commencement du xiiie siècle, 140 paroissiens ou chefs de famille, équivalant à 140 feux ou 7 à 800 âmes. Au xive siècle, sans doute à l'époque de sa prospérité, cette paroisse avait augmenté en population; on y voyait 180 feux ou 900 à 1,000 habitants. Mais la destruction graduelle du port du Chef de Caux et l'établissement du Havre amenèrent une notable diminution. En 1707, on ne comptait plus que 87 feux ou 450 habitants. Le dictionnaire de la France attribuait, au Chef de Caux, en 1726, une population de 300 habitants.

Le dictionnaire de la généralité de Rouen, publié en 1788, prenant la moyenne des actes de l'état-civil de cette paroisse pour les années 1784-85-86, comptait 20 naissances, 5 mariages et 16 décès par an, soit, en multipliant le chiffre des naissances par 26, une population de 440 habitants.

En 1807, Sainte-Adresse comprenait 155 feux ou 600 habitants; en 1810, 160 feux ou 657 habitants; en 1820, 156 feux ou 641 habitants ; en 1839, 702 habitants; en 1853, 978 habitants, et aujourd'hui, on en compte 1.876.

Le territoire de cette commune présentait, en 1776, une superficie de 300 acres, dont 40 acres en masures, 231 acres en terre de labour, 28 acres en nature de joncs-marins et une acre de bois-taillis. Aujourd'hui, la commune contient 223 hectares, dont 109 en labour, 11 en jardins, 44 en pâtures, 19 en vergers, 26 en joncs-marins. La superficie bâtie est de 26,000 mètres.

L'impôt des tailles, c'est-à-dire payé au roi

par chaque particulier en proportion de la valeur des biens qu'il faisait valoir, produisait en 1690, à raison de 2 sols 3 deniers par livre de l'occupation ou de l'évaluation, une somme annuelle de 1,320 livres ; une moyenne de 15 livres par chaque chef de famille.

Un autre impôt, portant sur le revenu net des propriétaires fonciers, celui des trois vingtièmes, produisait, en 1776, une somme de huit cent trente-cinq livres pour la paroisse de Sainte-Adresse. Nous ne connaissons pas le chiffre de la capitation, mais il devait être un peu inférieur au produit des vingtièmes.

Voici, à titre de comparaison, le chiffre actuel des impôts : En 1856, la commune produisait une somme de 19,494 fr.; en 1866, 43,262 fr.; en 1880, 63,696 fr.; les dépenses communales absorbent près de 14,000 fr. de ce dernier chiffre.

CHAPITRE III

L'Etude de notre histoire locale se divise en deux périodes parfaitement distinctes et bien différentes l'une de l'autre. La première, sans point de départ connu, se termine deux siècles avant l'ère chrétienne et est désignée sous le nom de : *Temps préhistoriques*. Pour cette période, en l'absence de tout document écrit, l'archéologie doit prendre en main le burin

de l'histoire et chercher à déduire quelques pro-
babilités historiques de l'observation des découvertes souterraines.

Les archéologues ont établi dans l'histoire
de l'homme, antérieure aux époques connues,
trois phases : l'âge de pierre, l'âge de bronze,
l'âge de fer. Leurs investigations nous appren-
nent que pendant longtemps vécut chez nous,
sur le bord des rivières, une race sauvage de
chasseurs et de pêcheurs, semblable à celles des
peuples de l'Afrique centrale et des îles de
l'Océanie. On sait aussi que dans les forêts de la
Gaule, erraient le mammouth, le *rhinocéros
tichorinus*, une espèce de tigre, le bœuf musqué,
le renne et l'urus, animaux capables de supporter
la basse température qui régnait dans nos contrées
à cette époque. Et pour retrouver la trace de
nos populations anciennes, on ne découvre le
plus souvent que quelques engins ayant servi à
leur usage domestique ou à leur défense person-
nelle. Ces objets sont pour les endroits où ils
sont rencontrés, sinon des preuves, du moins
des indices d'une habitation fort reculée.

Ces données de la science préhistorique
peuvent-elles s'appliquer au village dont nous
entreprenons l'histoire ? C'est ce que nous allons
examiner. Remarquons, d'abord, que nous nous
trouvons dans une situation très-défavorable
pour profiter des enseignements de cette science.

En effet, le sol, le territoire qui a dû être occupé à cette époque si reculée, a disparu en grandé partie dans les flots, et ce qui en reste est, par suite, fort peu propice aux découvertes archéologiques ; quelques trouvailles méritent, cependant, d'être citées.

On a retrouvé des indices, bien faibles, il est vrai, de l'habitation de l'homme sur le territoire de Sainte-Adresse, dans la première phase de l'époque préhistorique, l'âge de pierre, c'est-à-dire lorsque l'homme ne connaissant pas la réduction des métaux n'avait à sa disposition que des ustensiles de pierre ou de silex.

En effet, M. Toussaint, avocat au Havre, possède dans sa nombreuse collection d'antiquités locales deux hachettes en pierre, dont l'une a été trouvée, par lui, le 28 juin 1863, dans le bois de Sainte-Adresse, sur la route, alors en construction, allant à Bléville. M. Bourdet a également retrouvé, dans cette commune, des objets semblables.

La deuxième phase de l'époque préhistorique, l'âge de bronze, a laissé sur le sol de Sainte-Adresse des vestiges un peu plus nombreux, et, par conséquent, plus concluants. Un éboulement de la Hève, occasionné par une terrible tempête, fit découvrir, à la fin du mois de décembre 1862, près du vallon du Sémaphore, plusieurs hachettes celtiques en bronze, dont trois ont été recueillies

par la municipalité du Havre pour son Musée.
Trois autres se trouvent en la possession de
M. Chenel, du Havre, qui les a découvertes lui-
même.

Ces objets ont été soumis à l'appréciation de
M. l'abbé Cochet, qui a exprimé son opinion dans
les termes suivants (1) :

Ces hachettes se trouvent à peu près dans
toute l'Europe, elles sont assez communes en
France ; j'en connais au moins 12 dépôts dans la
Seine-Inférieure depuis 40 ans : le vallon d'Anti-
fer, près d'Etretat, en a donné 18 en 1842 ; Harfleur, 12 en 1846, et Gonfreville-l'Orcher 45 en
1845 et 1859.

Les archéologues attribuent généralement
les hachettes de ce genre aux Celtes et aux Gaulois, et ils leur donnent communément le nom de
Celts. Celles de Sainte-Adresse n'ont pas été
polies ni ébarbées ; elles sont telles qu'elles sor-
tirent du moule du fondeur. Du reste, c'est généralement en cet état qu'on les rencontre dans
notre pays ; l'une des trois a possédé un anneau
de suspension qui a disparu ; le plus souvent elles
n'en possèdent pas.

On a émis plusieurs théories quant à leur
emmanchement ; on ne sera sûr du fait que lorsqu'on aura retrouvé un emmanchement antique.

(1) *Revue de la Normandie*, 31 janvier 1863.

Quant à leur origine Gauloise, ce qui le prouve mieux que tout le reste, c'est la présence de l'une d'elles dans une sépulture celtique de l'Alsace.

Le Musée du Havre en possède déjà quelques-unes venant d'Orcher et d'Harfleur ; ce n'est pas une raison pour ne pas conserver celles-là, au contraire, surtout si elles viennent réellement de la Hève, l'ancien Chef de Caux, *caput caleti ;* la Hève c'est le Havre, on la savait déjà romaine, il est intéressant de la connaître gauloise.

Plus tard, M. l'abbé Cochet revient sur cette découverte (1), en revendiquant pour la civilisation gauloise, les hachettes découvertes en décembre 1862, sur le territoire de Sainte-Adresse.

Mais, nous le répétons, ces trouvailles ne sont pas des *preuves irrécusables* de la présence de l'homme à Sainte-Adresse, aux temps préhistoriques; il est à peu près certain que l'on a continué la fabrication de ces hachettes pendant l'époque gallo-romaine. Par conséquent, leur découverte ne saurait être constamment invoquée pour chercher à placer des établissements gaulois sur les points où elles sont rencontrées (2).

Il existe encore un indice de la présence

(1) *Revue de la Normandie*, 31 janvier 1864
(2) Tableau archéologique de l'arrondissement du Havre, par Rœssler.

4

d'êtres animés sur le territoire de Sainte-Adresse,
sous la période préhistorique. On a retrouvé dans
la propriété de M. Masquelier, une dent de mammouth qui a été recueillie par M. J. Alleaume et
est conservée dans sa petite collection géologique.
Ce fragment unique a-t-il été apporté, par hasard,
dans cet endroit, ou provient-il d'un animal qui
fréquentait le sol boisé de cette commune ; c'est ce
que nous ne pouvons préciser.

Lorsqu'un demi-siècle avant l'ère chrétienne,
les Romains, sous la conduite de Jules César,
eurent conquis les Gaules, ils y avaient établi des
bourgades et des cités dont on retrouve souvent,
de nos jours, des vestiges et quelquefois des
ruines considérables. Les Gaules étaient restées
sous la domination romaine pendant cinq
siècles.

Peut-on supposer qu'au cours de cette longue période, les nouveaux conquérants, devenus
occupants, auraient négligé de profiter d'un endroit stratégique aussi important que la pointe du
Chef de Caux ? Ils avaient établi un camp à Sandouville, en avant de *Juliobona* (Lillebonne).
Pourquoi n'auraient-ils pas placé une station, une
vigie pour protéger *Caracotinum* (Harfleur) ? Le
plateau du Chef de Caux, aujourd'hui la
Hève, est entouré presque de tous côtés par des
collines et pour le surplus par un escarpement

qui dût toujours être inaccessible ; ces fortifications naturelles dispensaient de tout travail d'art.

Un historien du Havre (1) émet, à ce sujet, une opinion assez vraisemblable. Les habitants du Pays de Caux, dit-il, avaient toujours eu à souffrir des invasions des pirates ; le pays était mal protégé par les forces militaires de l'empire, malgré les camps que Constance Chlore avait fait établir sur divers points du rivage et particulièrement à l'embouchure de la Seine.

Ammien Marcellin (2) parle d'une station romaine, située à cette embouchure et l'appelle *Constancia Castra*. D'après M. Borely, il est probable que ce camp était établi sur l'ancien territoire de Sainte-Adresse, abîmé dans la mer. Déjà M. Pinel avait émis, en 1824, une opinion à peu près semblable, quoiqu'il semble vouloir désigner plus particulièrement le territoire de Graville :
« Marcellin, auteur contemporain de cette station,
« *avait strictement désigné l'embouchure de la*
« *Seine.* S'il est exact, comme rien ne prouve le
« contraire, ce ne pourrait être que *sur le plateau*
« qu'il était si intéressant de garder pour ne pas
« donner entrée aux ennemis dans la seconde

(1) *Histoire du Havre*, par Borely, p. 33.
(2) Auteur du IVe siècle. *Vie de l'empereur Julien*, cité par M. Pinel.

« Lyonnaise et ne pas leur laisser détruire les vais-
« seaux et s'emparer des forteresses dont la
« possession les eut rendu maîtres de la Seine ;
« que, nécessairement, il devait y avoir une
« grande force militaire réunie à ce *Castra Cons-*
« *tancia.* »

Nous ajouterons, cependant, que l'on a
beaucoup varié sur la position de ce camp romain.
Coutances, Honfleur, Harfleur, Sandouville ont
tour à tour été indiqués à ce sujet.

Le territoire de Sainte-Adresse, écrivait en
1838 Léon Buquet (1), ne laisse pas que d'avoir
une certaine valeur historique, et l'antiquaire a
pu quelquefois y rencontrer des éléments d'inves-
tigation. La domination romaine a laissé là plus
d'une précieuse relique, et les objets trouvés dans
le sein de cette terre (?) où nous ne pensons pas
que des fouilles régulières aient jamais eu lieu,
prouvent, incontestablement, que ce point de la
Normandie n'a pas été inconnu des peuples
anciens. Malheureusement, la partie qui, dans le
principe, fut plus particulièrement habitée et qui,
après avoir été sous la période romaine un élégant
et frais *tibur*, devint, au moyen-âge, un village
assez important, a disparu sous les efforts deux
fois quotidiens du terrible Océan, et avec cette
patiente conquête, tout ce qui pouvait servir à

(1) *Le Havre et son arrondissement.* 1838.

guider le zèle de l'antiquaire dans ses laborieuses recherches.

M. Guilmeth disait à la même époque (1) : « Les objets que l'on rencontre en si grand nombre sur le territoire de Sainte-Adresse (?) prouvent incontestablement que ce point n'a pas été inconnu des peuples antiques. »

Sainte-Adresse, rapporte M. Rœssler (2), paraît avoir été fertile en antiquités gallo-romaines.

On a remarqué que presque toutes les gorges du littoral de la Manche, aujourd'hui à peu près sans habitants, paraissent avoir été le siège de bourgs et de villes puissantes. En commençant par Harfleur, dit l'abbé Cochet, personne ne doute de son importance antique et de sa nullité actuelle. Le Chef de Caux fut autrefois un port très-fréquenté. Une voie antique, conduisant du Chef de Caux à Sainte-Marguerite-sur-Mer, devait suivre tout le littoral de l'Océan en longeant le pied des falaises.

Ce chemin, d'après la tradition, rapporte encore l'abbé Cochet, aurait été échelonné d'habitations et d'étapes, ce qui expliquerait la forêt sous-marine du Dun, les cercueils de Sainte-

(1) Description géographique et historique de l'arrondissement du Havre. 1838.

(2) Tableau archéologique de l'arrondissement du Havre. 1866.

Marguerite, la crypte d'Yport, les caves d'Etretat, les carrières de Saint-Jouin et l'église du Chef de Caux.

L'existence d'une voie romaine partant du Chef de Caux, est encore mentionnée par M. William Martin (1), à l'aide des découvertes se rapportant à l'époque romaine ; cet historien indique la voie du littoral partant de Sainte-Adresse et passant par Cauville, Saint-Jouin, la Poterie, le Tilleul, et ainsi de suite jusqu'au Tréport. Cette route aurait, d'après lui et contrairement à l'opinion de l'abbé Cochet, suivi en partie le tracé actuel de la route de Sainte-Adresse à Etretat.

Examinons maintenant les vestiges de cette époque qui ont été trouvés sur le territoire de Sainte-Adresse.

Plusieurs historiens parlent de diverses découvertes gallo-romaines faites avant l'année 1840, mais aucun ne nous initie au détail des objets retrouvés. M. l'abbé Cochet est un peu plus explicite. Il rapporte (2) qu'un jour, en 1840, il avait aperçu, sur les sables du rivage et dans la coupe des terrains, des tuiles à rebords, des pavages en pierre de liais, des aires charbonnées, des étuves et des restes de colonnes.

(1) Recherches sur les voies romaines de la Seine-Inférieure. 1877.

(2) Eglises de l'arrondissement du Havre. 1846.

Il s'arrêta peu à cette recherche, dont il fit part toutefois à quelques habitants du Havre (1).

L'un d'eux, M. Toussaint, avocat, a exploré plus attentivement ces débris ; il en a ramassé un certain nombre, et parmi les briques, il a trouvé des fragments de poterie rouge, dont l'origine et l'antiquité ne pouvaient être contestées. Il fit de ses découvertes l'objet d'une note publiée dans la *Revue de Rouen*, et dont voici le texte :

« La découverte d'une amphore sépulcrale trouvée à Graville, celle de divers vases funéraires rencontrés à Ingouville, en 1839, avaient appelé mon attention sur les traces laissées par les gallo-romains dans le voisinage du Havre, lorsqu'il y a trois ans (1842), je fus informé que l'on avait aperçu quelques tuiles romaines dans un éboulement récemment survenu à Sainte-Adresse, du côté des Brindes.

« Le premier objet qui attira mes regards fut un débris de maçonnerie qui se présentait dans la coupe de la falaise, à environ soixante centimètres au-dessous du sol actuel ; c'est sans aucun doute un bassin à usage de réservoir. La maçonnerie extérieure est faite en gros cailloux de mer, liés avec du ciment rouge mêlé de balle de blé ;

(1) *Revue du Havre*, nº du 11 mai 1845.

elle est revêtue de belles dalles en pierres blanches, à grain fin, appareillées avec le plus grand soin. Le mur latéral, d'une hauteur d'un mètre environ, se termine par un petit cordon de la même pierre. Quant à son étendue, je n'ai pu la déterminer.

« Des habitants de l'endroit m'ont assuré qu'autrefois on suivait les traces assez avant dans les terres et qu'il s'en était éboulé une notable portion.

« Quelques coups de pioche donnés dans la terre qui remplit le bassin, ont mis à découvert des débris de poteries que j'ai recueillis et rassemblés avec soin, et qui m'ont fourni deux fragments de vases destinés sans doute aux usages domestiques. Ils sont en terre rouge, enduits à l'extérieur, non d'un vernis métallique, mais d'une couverte de terre fine de même couleur. A l'intérieur de l'un, on voit de petits cailloux mélangés à la pâte, sans qu'il y ait de couverte.

« Poursuivant mes investigations, je suis arrivé dans les éboulements où j'ai reconnu divers débris de construction en ciment et en cailloux. Une portion de mur, d'une épaisseur d'au moins un mètre, est recouverte sur une de ses faces de carreaux en terre cuite, d'un rouge foncé, épais d'un centimètre sur 0^m 60 de longueur et 0^m 30 de largeur. J'y ai rencontré de nombreux fragments de tuiles à rebords, dont l'une a 3o centimètres de largeur. Un des morceaux que j'ai recueillis est percé d'un petit trou.

« Enfin, un peu plus loin, dans la coupe de la falaise, on aperçoit une foule de débris de toute nature entassés pêle-mêle avec des frag-ments de murailles. J'ai même trouvé, en cet endroit, une pierre grossière, ayant la forme d'un fût de colonne ; j'ajouterai que j'ai rencontré des pilastres ayant environ 0^m3o à 0^m4o de hauteur, composés de carreaux en terre cuite et de carreaux en terre séchée au soleil, placés alternativement et liés avec du mortier.

« L'impossibilité de faire des fouilles m'a em-pêché de pousser plus loin mes recherches. Des gens du pays m'ont affirmé que leurs pères avaient vu, un peu plus en avant dans la terre, de vastes bassins en maçonnerie qui avaient été com-blés avec du sable.

« Il est évident, ajoute M. Toussaint, que ces fragments proviennent de quelque villa bâtie dans le voisinage de la mer, et ruinée probablement lors des invasions des hommes du Nord. Le soin avec lequel paraît construit le bassin dont j'ai parlé, pourrait faire présumer que c'était un éta-blissement de quelque importance ; néanmoins, les ruines mises à découvert, jusqu'à ce jour, ten-dent, au contraire, à indiquer l'existence d'une habitation rustique. Peut-être quelques fouilles dirigées de ce côté mettraient-elles à même de décider sur ce point. »

Quoiqu'il en soit, la forme des tuiles et la nature des poteries, permettent d'affirmer que cette habitation est une nouvelle preuve du séjour des Romains sur les bords de la mer, aux alentours du Havre, et, sous ce rapport, c'est un point intéressant à noter.

M. l'abbé Cochet mentionne (1) que M. Deville, conservateur du musée de Rouen, a connu un tambour de colonne en pierre calcaire provenant de Sainte-Adresse, sans doute celui qui avait été signalé par M. Toussaint ; M. Deville avait parlé à M. l'abbé Cochet d'une inscription romaine, mais celle-ci était moins certaine ; d'ailleurs, nous en dirons quelques mots.

M. l'abbé Cochet rapporte encore ce fait : « J'ai vu au musée du Havre, provenant de Sainte-Adresse, des briques ou tuiles à rebords, des tuiles carrées provenant d'étuves ou conduits de chaleur, et les restes d'un mortier antique en terre de samos, des poteries antiques, des vases romains. » Ces objets ont disparu en grande partie, car on ne voit plus au musée du Havre que deux fragments bien informes de tuiles romaines à rebords, trouvées à Sainte-Adresse.

(1) La Seine-Inférieure historique et archéologique.

La découverte d'un balnéaire romain est un peu plus certaine, bien qu'il n'en reste aujourd'hui aucune trace matérielle. Voici les renseignements circonstanciés que l'on connaît à ce sujet, et que nous empruntons à la *Revue du Havre* (1) et à la *Revue de Rouen* (2).

Au mois d'avril 1845, le conservateur du musée d'histoire naturelle, au Havre, M. Lesueur, qui interrogeait sans cesse les trésors géologiques de la Hève, s'était livré à quelques investigations sur le point où M. Toussaint avait recueilli quelques débris. Il voulut avoir le dernier mot des constructions auxquelles ces vestiges se rattachaient, il examina et fouilla avec succès.

Un jour, en mai 1845, aidé de M. Berryer, son parent, M. Lesueur se mit à l'œuvre sur la masse de terrain éboulé qui lui sembla devoir renfermer les débris de maçonnerie les plus importants ; il dégagea les terres et mit à découvert le fragment considérable d'une cuve ou bassin qui, évidemment, a fait partie d'un balnéaire gallo-romain (suivant M. Morlent, rédacteur de la *Revue du Havre*).

C'est un massif en maçonnerie composé de briques cimentées, et dont l'intérieur était lambrissé de dalles en pierres blanches et polies ;

(1) Numéro du 11 mai 1845.
(2) Premier trimestre, année 1845.

c'est à peu près un quart de cercle ; les côtés, en ligne droite, ont chacun o^m71 de longueur ; au pourtour de la partie circulaire, règne une espèce de bourrelet en ciment rouge. Les parois de cette cuve ont environ et inégalement, vu la dégradation du ciment, de o^m12 à o^m15 d'épaisseur, sur une hauteur inégale de o^m40 à o^m6o. Il serait aisé de réparer les parties frustes avec un ciment analogue, qui pourrait se faire par la pulvérisation de l'ancien ciment, dont on retrouve çà et là des fragments épars.

« Comme on le voit, écrit M. Morlent, en extrayant de la terre cette preuve palpable de l'existence d'un balnéaire romain, M. Lesueur a gagné ses éperons de conservateur du futur musée. » C'était là, en effet, que cette pièce, confiée provisoirement à la surveillance des employés de la Douane, devait être déposée.

Le 12 mai 1845, la municipalité du Havre fit enlever le bloc de maçonnerie découvert par M. Lesueur. Ce travail, qui offrait quelques difficultés, à cause de l'inclinaison du sol sur lequel ce débris se trouvait, avait été exécuté sans accident, sous la direction de M. Gosse, l'un des architectes attachés à la Mairie du Havre. Cette ruine destinée au musée n'y est jamais entrée, ou bien, confondue avec quelques débris sans valeur au moment de l'installation du monument actuel, elle aura été jetée aux décombres.

« Ce reste de construction (nous laissons toujours parler M. Morlent) appartenait à un balnéaire romain. La simple inspection des lieux d'où il s'est écroulé suffit pour en fournir la démonstration la plus évidente et la plus incontestable.

« Outre les tuiles à rebords, les briques trouées, les pierres de petit appareil qui sont éparpillées dans les terres de l'éboulement, la partie supérieure de ce même éboulement encore adhérente au sol, présente, sur une surface assez considérable, des fondations, des lits de pierre et de briques qui composent les assises inférieures de ces bains ; l'œil peut encore, jusqu'à un certain point, en suivre et en préciser la forme.

« Sur ces fondations se dresse un mur de briques engagé dans les terres et qui s'élève à la hauteur du sol ; on y remarque également une couche assez considérable de menu charbon qui avait servi à chauffer l'eau des bains, et s'il était permis de pousser un peu plus loin les fouilles, on arriverait certainement à de précieuses découvertes. M. Lesueur a trouvé épars au pied de ce mur, toujours dans les éboulements où se cachait le fragment du bassin, des piliers qui servaient d'appui aux larges briques sous lesquelles s'allumait le feu destiné à chauffer les bains ; ces massifs avaient absolument la forme de ceux que l'on a reconnus dans les balnéaires romains de

Lillebonne et de la forêt de Brotonne. On y voit encore un gros fragment de colonne en pierre calcaire, et nous y avons trouvé nous-même (M. Morlent) un tesson de poterie vernissée et découpée, qui donne à penser qu'avec quelques coups de pioches donnés avec discernement, on arriverait à d'excellentes découvertes. »

Comme on le pense bien, ces trouvailles firent du bruit. Quelques doutes s'élevèrent sur la nature et l'antiquité de ces ruines; la *Revue du Havre* revint sur ce sujet, dans son numéro du 2 août 1846 : « On a cherché à contester à « ce qu'on appelle les débris du balnéaire de « Sainte-Adresse, la qualité de ruines gallo- « romaines. Cette origine n'est plus douteuse « aujourd'hui : nous connaissons un de nos « concitoyens, très-actif explorateur de ce genre « d'antiquités, qui possède neuf médailles moyen « bronze, toutes d'Antonin et frustres la plupart, « lesquelles ont été recueillies par ses soins (!) « dans le ruisseau qui coule près des restes de « cette construction incontestablement gallo - « romaine. »

Les monnaies romaines sont d'un grand poids en faveur de la présence des Romains, surtout lorsqu'elles sont rencontrées plusieurs ensemble. Cependant, il eut fallu vérifier avec soin les découvertes et les médailles trouvées dans le ruisseau de Sainte-Adresse, qui auraient bien pu être jetées-là par quelque mystificateur ; le village de Sainte-Adresse paraît d'ailleurs avoir été depuis longtemps choisi par de· mauvais plaisants pour se moquer des archéologues et des historiens ; en voici d'abord deux exemples, nous en signalerons d'autres tout aussi amusants :

Le *Moniteur officiel* de l'Empire français a publié gravement cet entrefilet daté du Havre, 4 thermidor An XIII (24 juillet 1805) :

« En fouillant près des phares, sur le cap de
« la Hève, il a été trouvé une pierre noire par-
« faitement carrée et dont le poli est très-bien
« conservé ; sur cinq de ses côtés sont incrustés
« des fers de lance et des javelots ; le sixième est
« couvert d'hiéroglyphes, et parmi eux on distin-
« gue des lettres en caractères gothiques. Chaque
« point indique les lacunes que laissent les lettres
« effacées.

« h.. CC AR... p.. S. IT HA. CL.. PEMQ Æ.... OS uj
« US.. MA .. DIVIT SÆPE ROMAM ADE.. ET ROM... IS VICTOR
« GALLIS HEVÆ....... IS et MONIIS ET. AM ET HIC jove
« SEPTEM BOV... T VACCAS SACRI.. A.

« Cette pierre résonne creux et peut avoir
« cent vingt pieds cubes ; on s'occupe maintenant
« de la transporter à la municipalité..... »

Cette inscription soumise à M. Léon Renier, auteur de l'*Epigraphie des Gaules,* a été reconnue complétement fausse et personne n'a revu la fameuse pierre avec ses hiéroglyphes !...

A propos de la découverte du balnéaire gallo-romain, on avait cru retrouver partout des vestiges de cette époque. Un farceur, voulant aussi prouver que Sainte-Adresse était autrefois une station romaine de quelque importance, avait adressé, le 20 mai 1845, la communication suivante à M. Morlent, rédacteur de la *Revue du Havre*, qui s'était empressé d'y répondre presque sérieusement :

« Il y a quelques années, un Anglais de distinction qui habitait Sainte-Adresse, se promenant sur le rivage, non loin de la batterie, trouva des fragments de pierre de taille épars çà et là, sur lesquels fragments avaient été tracés des caractères encore à peu près lisibles ; on pouvait, en les réunissant, y trouver les traces d'une inscription tumulaire écrite *évidemment (?)* par une main gallo-romaine. L'auteur de cette découverte fit porter ces fragments chez lui où j'eus l'occasion *de les voir* et la permission d'en copier les caractères ; j'ai eu de plus la précaution de conserver cette copie, et bien m'en a pris, car huit jours après, notre Anglais partait pour l'Angleterre, emportant avec lui sa trouvaille, afin, disait-il, de la faire déchiffrer par la Société royale des Antiquaires de Londres.

« Depuis cette époque, notre Anglais est bien revenu de la Grande-Bretagne, mais il y a laissé les fragments de la pierre et le mot de l'énigme sans doute, car je n'ai plus entendu parler de cette découverte; dans tous les cas, voici ce que j'ai copié de cette inscription :

```
              D M
         TME    AE
              EII
      DINII  A   ES   A
      DIL   VM  LIVM  M
        PL  SQ  ARV  S
        ARC   E  IP
```

L'auteur de la lettre à la *Revue du Havre* se cachait prudemment sous l'anonyme. M. Morlent déplora avec celui-ci la perte d'un fragment aussi précieux, regrettant de ne pas connaître le résultat du déchiffrement de cette inscription, si tant est qu'elle eut été remise à la Société royale de Londres. En attendant, M. Morlent soumettait aux lecteurs de la *Revue du Havre* le résultat de l'étude de cette inscription, le présentant non comme une certitude, mais comme une probabilité :

```
          Diis Manibus
      eT Memoriæ AEternæ
            pomp Eii
       bIan DINII Ar es CA
   d ILE ctissim VM fi LIVM Meum
      PLure sQue p ARvulos
         p ARcis Eri Puit
```

que M. Morlent traduisait ainsi :

Aux dieux mânes
Et à la mémoire éternelle
de Pompeius Blandinius Aresca.
Il arracha à la mort (aux Parques)
Mon fils bien-aimé
Et plusieurs petits enfants.

Quel était ce Pompéius-Aresca ou Avespa, ajoute M. Morlent, en l'honneur de qui ce monument de reconnaissance a été érigé sans doute par une tendre mère dont il avait conservé le fils. A quel genre de mort avait-il arraché plusieurs petits enfants ? Etait-ce à une épidémie ? Ce serait donc un médecin. N'est-ce pas plutôt un homme courageux, comme il s'en trouve encore chez nous, qui se sera dévoué pour le salut de quelques enfants se baignant imprudemment sur le rivage et sur le point d'être engloutis par la mer ? N'aura-t-il pas péri lui-même ? Cette explication semble naturelle si l'on veut bien remarquer en quel endroit la pierre fut trouvée, c'était sur le bord de la mer, sur la plage habitée par des Gaulois soumis ou des Gallo-Romains.

Nous ne mentionnons toutes ces suppositions que sous les plus grandes réserves. Il est très-probable que M. Morlent a été la dupe d'une mystification qu'il aura accueillie avec la bonne foi dont il était coutumier.

M. l'abbé Cochet mentionne une tradition

pour laquelle nous professons la même incrédulité qu'à l'égard de la prétendue inscription romaine et de la fameuse pierre noire.

Cette tradition prétend qu'après le martyre de saint Denis, à Montmartre, sa tête fut jetée à la Seine, qu'elle vint échouer sur la grève du Chef de Caux ; que recueillie par de pieux fidèles, elle devint pour eux l'objet d'un culte et d'une querelle. Ceux de Sanvic et de Sainte-Adresse se partagèrent la relique, et les deux églises furent dès lors sous le vocable de saint Denis.

Nous avons déjà dit (1) que Sanvic avait une origine saxonne et n'a probablement pas existé à l'époque gallo-romaine, notamment au IIIe siècle de l'ère chrétienne.

D'un autre côté, à l'époque de la mort de saint Denis, les campagnes du Pays de Caux étaient encore plongées dans le paganisme. On ne peut donc ajouter foi à cette tradition, dont nous ignorons l'origine et l'antiquité avant la relation de M. l'abbé Cochet.

Quoi qu'il en soit, malgré toutes ces fausses découvertes et traditions douteuses, on peut conjecturer que le village de Sainte-Adresse ou plutôt du Chef de Caux, existait comme bourgade et peut-être comme endroit fortifié à l'époque

(1) Voir notre *Histoire de Sanvic.*

gallo-romaine. Les vestiges rencontrés par MM.
Cochet, Toussaint et Lesueur, l'opinion des historiens qui ont écrit avant eux, tout démontre une
origine fort reculée pour cette commune.

CHAPITRE IV

MOYEN-AGE

Faits généraux. — Incursions des Normands. — Défense des côtes. — Le port et l'église du chef de Caux. — Leur situation. — Armement au chef de Caux, en 1295 et 1298. — Garnison au xiv siècle, plus importante que celle de Leure. — Les arbalétriers du Chef-de-Caux. — Pillage du village et massacre des habitants, en 1369. — Etablissement d'un phare. — Le foyer de guerre. — Ses gardes successifs. — Nouvelle catastrophe, l'église et le cimetière s'écroulent en mer. — Séparation de l'Eclat et de la falaise. — Nouvel emplacement de l'église. — Débarquement des Anglais au chef de Caux, en 1415. — Combat sur terre, en 1416. — Confiscation de la seigneurie de Vitanval. — Arrestation d'un émissaire Anglais. — Le fermier de la marchandise. — Débarquement, en 1470. — Enquête par le seigneur de Bléville. — Fortifications, en 1490. — Occupation par les Harfleurais.

A première moitié de cette période est aussi obscure au sujet de l'histoire du *Chef de Caux* que les époques pré . rique et gallo-romaine, ce qui no·

.·llsto·

·us oblige à

recourir aux généralités pour commencer ce chapitre.

L'histoire générale nous apprend qu'à la fin du ve siècle, les Francs avaient anéanti l'Empire romain dans les Gaules. Puis, un quart de siècle après, les Normands avaient commencé leurs incursions chez les nouveaux possesseurs de notre territoire et spécialement dans la région appelée ensuite la Normandie. Ces incursions désastreuses s'étaient renouvelées dans la suite. Cependant Charlemagne avait, au commencement du ixe siècle, pris les mesures les plus sages pour opposer une barrière aux hommes du Nord.

Ce grand monarque, après avoir visité ses ports, y avait fait construire un grand nombre de bateaux plats qui, toujours armés et équipés, stationnaient à l'embouchure des fleuves. Toutes les côtes en étaient garnies, depuis le Tibre jusqu'au Danemarck.

Il est, par conséquent, permis de supposer que le Chef de Caux, c'est-à-dire le promontoire du pays des Calètes, n'avait pas été oublié dans ces mesures de sûreté générale, puisqu'il a toujours été considéré comme l'entrée de la Seine, cette voie maritime qui conduit au cœur de la France.

Les successeurs de Charlemagne n'avaient pas su maintenir cette formidable digue. Par leurs déplorables divisions, ils avaient ouvert les provinces aux invasions les plus affreuses et laissé ravager le territoire français. On peut encore supposer que si le Chef de Caux avait été auparavant mis en état de défense, les envahisseurs l'auront détruit peut-être plusieurs fois.

En 887, les Normands sont autorisés à vivre sur notre territoire ; puis, au commencement du xe siècle, leur premier duc et la plupart de ses sujets embrassent la religion chrétienne, érigent des églises et se partagent les terres qu'ils avaient conquises.

Avant cet événement, la pays était dépeuplé, les temples ruinés, les villes sans défense. Rollon commença à y rétablir l'ordre, protégea l'agriculture, dota les églises et releva les murailles des cités. C'est sans doute vers cette époque que l'on peut faire remonter la fondation de la petite ville et du port du Chef de Caux, qui ont existé vers le Sud-Ouest de la commune actuelle de Sainte-Adresse, suivant l'opinion des historiens et les documents que nous allons mentionner.

En effet, d'après M. de Lamblardie (1), d'anciens titres indiqueraient qu'au xie siècle, l'église paroissiale du Chef de Caux était placée sur le banc de l'Eclat, à 700 toises (1,364

(1) Mémoire sur les côtes de la Haute-Normandie. 1789.

mètres) du cap de la Hève. Or, l'église a nécessairement suivi la fondation de la ville et du port.

Il est certain que le cap s'étendait bien plus loin dans la mer. Au XIIe siècle, rapporte M. Pinel (1), le cap s'étendait jusqu'au banc de l'Eclat et l'église paroissiale n'en était pas éloignée ; il s'est éboulé sept cents toises de falaises depuis ce temps.

M. Alexandre Eyriès (2) est aussi affirmatif que M. de Lamblardie, en prétendant que l'église du Chef de Caux était assise sur le terrain dont l'Eclat n'est que le fondement.

On est assez d'accord, écrit M. de Freville (3), pour reconnaître qu'à une certaine époque, à la vérité très-éloignée, le banc de l'Eclat, aujourd'hui à 600 mètres du rivage, faisait partie de ce cap. Ainsi, la mer a fait des conquêtes sur ce point, et elle a enlevé en même temps presque tout le territoire de la paroisse et du petit port appelés Saint-Denis du Chef de Caux, qui existaient au pied de la falaise du côté Sud. La parité de noms entre le promontoire et la paroisse a fait croire que l'église du Chef de Caux était construite sur

(1) Essais historiques et archéologiques. 1824.
(2) Annotation sur les Essais de M. Pinel. 1833.
(3) *Mémoire sur le commerce maritime de Rouen.* 1857.

le banc de l'Eclat, mais il nous semble difficile d'admettre une situation si éloignée de la côte.

M. Baude commet une autre erreur en indiquant (1) qu'au xiᵉ siècle, une église placée sous l'invocation de *Sainte-Adresse (!)* s'élevait au centre du lieu même où gît maintenant, à *deux mille mètres* du rivage, le banc de l'Eclat.

Enfin, M. Morlent émettait une opinion encore plus exagérée lorsqu'il écrivait, en 1844, que le cap de la Hève, autrefois, s'avançait à plus de *deux à trois mille mètres* dans la mer.

Il est hors de doute, d'après M. de Conninck (2), que lorsque François Iᵉʳ créa le Havre, quatre ports de plus ou moins d'importance pour l'époque : le Chef de Caux, Leure, les Neiges et Harfleur, avaient disparu ; le premier, parce que la mer avait pris la place de la terre, et les trois autres parce que la terre avait remplacé la mer.

Enfin, le port du Chef de Caux et la ville d'Harfleur étaient reliés ensemble par un grand chemin qui est encore indiqué sur une carte du commencement du xviiᵉ siècle, et connu à cette époque sous le nom *d'ancien chemin qui tend d'Harfleur au Chef de Caux.* Cette communication directe entre les deux ports, indique une

(1) *Mémoire sur la Seine-Maritime.* 1859.
(2) *Le Havre, son passé, son présent, son avenir.* 1869.

communauté d'intérêts dont nous retrouverons des traces dans la suite de cette histoire.

Ainsi, pour les auteurs que nous venons de citer, il n'est pas permis de douter de l'existence du port de Chef de Caux à une époque fort reculée. Ce port était protégé par le cap du Chef de Caux qui s'avançait au-delà du banc de l'Eclat. L'anse ou crochet formé par ce cap, procurait un abri où bon nombre de navires pouvaient tenir à flot. Ce rivage était, en outre, exploité par des *tuiliers* qui envoyaient leurs produits dans les environs, à Montivilliers, notamment. Les comptes de cette ville, pour le xvᵉ siècle, mentionnent souvent les *tuileries du Chef de Caux*, ceux de la seigneurie du Bec-Crespin, pour les années 1459 à 1465, relatent aussi des fournitures faites aux dépendances du château, par les tuiliers du *Chef de Caux* (1).

D'ailleurs, ce port est mentionné dans divers documents et dans les anciennes chroniques, comme ayant joué un certain rôle dans nos combats navals avec l'Angleterre.

Au moyen-âge, rapporte M. l'abbé Cochet (2), la marine militaire des rois de France se recrutait, non par des levées d'hommes, mais par

(1) *Archives départementales de la Seine-Inférieure.*
(2) *Etretat, son passé, son présent, son avenir.* •

l'appel fait aux ports de mer et aux différents seigneurs riverains.

C'est ainsi que nous voyons Philippe-le-Bel, à la fin du XIIIᵉ siècle, convoquer le ban des nefs de la Manche, afin d'en former une armée de mer, pour soutenir la guerre nationale qui venait d'éclater entre la France et l'Angleterre. En 1295, 60 navires anglais avaient attaqué et coulé bas sur les côtes de la Basse-Bretagne, 200 navires Normands.

A cette nouvelle, l'indignation devint générale sur tout le littoral de l'Océan ; chaque port s'empressa de fournir son contingent à la flotte française.

Cette escadre brûla Douvres, et c'est tout ce que nous savons sur ses exploits. Elle comptait 27 galiotes et 223 nefs approvisionnées en vin par Gyrard le Barillier. Le compte de ce fournisseur (1) nous a laissé les noms des navires et de leurs armateurs.

Il nous apprend que le port d'Etretat avait fourni 13 nefs. Leure, Harfleur et le *Quief de Cauz* avaient aussi armé un certain nombre de navires parmi lesquels nous remarquons ceux de Raoul Sachespée et Colin Sachespée ou Sacquespée, du Chef de Caux, et dont la famille existe encore en Normandie ; un de ses membres figure

---

(1) Cité par M. Jal. *Archéologie navale.*

parmi les anciens administrateurs de l'Hôpital du Havre. Un autre devint peintre à Rouen et a laissé quelques tòiles remarquables.

Trois ans après, la ville du *Chef de Caux* contribuait à un nouvel armement militaire, dans une proportion identique à celle de Leure, sa voisine. L'importance réunie de ces deux ports équivalait à celle de Harfleur seul.

En effet, le 24 novembre 1298, la ville d'Harfleur versait au Trésor royal une somme de 200 livres tournois pour l'armement d'une galère ou galée, c'est-à-dire un bâtiment long, à voiles et quelquefois à rames. Le même jour, *les villes de Leure et du Chef de Caux* fournissaient ensemble la même somme pour une autre galère (2).

Le port du *Chef de Caux* était, au commencement du xive siècle, gardé par un bon nombre d'officiers et de soldats, ce qui dénote encore une importance considérable au point de vue militaire.

---

(2) Mémoire de M. Jourdain, sur les commencements de la marine militaire, publié par la *Revue des questions Historiques*, 1er octobre 1880. — Voici le texte de la citation faite par M. Jourdain et extraite du *Journal du Trésor* : « *De villa Harefloti pro una galea II. C. L. cont. per vice-comitem Monasterii villaris super balliviam caleti. De villis Leurè et Capit Caleti pro una galea per eumden vice-comitem II. C. L. t. super eumden ballivum.* »

On lit, en effet, dans un fragment de compte (1), années 1227 à 1326, sous le § 64, intitulé :

« CEUX QUI ONT GARDÉ LES PORTS DEPUIS CALAIS JUSQU'AU MONT SAINT-MICHEL.

« Le connétable, Monseigneur Raoul comte « d'Eu, en l'an 1324, fut établi visiteur et garde « des ports, passages et frontières de la mer, c'est « à savoir de l'Eure jusqu'à Calais, à cent hom- « mes d'armes, etc.; avec 2 bannerets, 5 bache- « liers, 82 escuyers.

« Pour les gaiges de 4 autres chevaliers et 8 « escuyers qui *furent à la garde du Chef de* « *Caulx* avec aucuns gens dudit connestable.

Et sous le § 64 c. Establies :

« *Le port de l'Eure*. Messire Jean de Tur- « gonville, chevalier, et un autre chevalier, 7 « escuyers, 25 arbalestriers et 73 sergents. E. « *Le port du Quief de Caulx*. Messire Jean « d'Anteny et deux autres chevaliers, 20 escuyers « et 185 tant connestables (chargés du soin des « chevaux) que sergents (2). »

Si l'on compare encore les deux garnisons du

(1) Publié par MM. de Vailly et Delisle. *Recueil des historiens des Gaules*, 1865.
(2) M. de Larbre évalue cette garnison à cinq cents hommes.

port de Leure et du Chef de Caux, on reconnaît que celle de ce dernier endroit était beaucoup plus considérable, la place étant d'ailleurs plus importante au point de vue militaire.

En 1339, quoique la Normandie ne parut pas devoir être le théâtre de la guerre entreprise par Philippe, roi de France, contre Edouard, roi d'Angleterre, les Normands avaient offert au roi de France 4,000 hommes d'armes et 40,000 fantassins. La moitié de ce chiffre avait été acceptée, mais l'armée n'avait livré aucun combat. L'année suivante, au mois de juin, la flotte française qui croisait à la hauteur de l'Ecluse (port de mer du comté de Flandre), se rencontra avec l'escadre anglaise, et après un combat acharné, les Français furent défaits et perdirent 20,000 hommes et 90 navires.

Or, parmi les nefs envoyées à cette bataille, se trouvaient *trois bateaux armés au port du Chef de Caux* et commandés par des habitants de cette ville. Le premier avait pour maître Jean Noirepel et pour seigneur Robert Nordest; le second était commandé par Thomas Saquespée, qui en était seigneur et maître. Et le troisième était monté par Robert Roussel dit Tartarin, seigneur, et Jean Tartarin, maître.

La preuve de ce fait se trouve dans le manuscrit de François de l'Hospital, clerc des arbalétriers, compte de 1340 pour les ports et côtes de Flandre et de Normandie.

A titre de comparaison, nous dirons que Harfleur avait fourni 9 nefs ; Rouen 7 ; Etretat, 6 ; Caudebec et Fécamp 2, et Cherbourg 4, ce qui prouve l'importance relative du port du Chef de Caux à cette époque.

Les arbalétriers de la ville du Chef de Caux prirent part, seize ans plus tard, à une reprise de Honfleur sur les Anglais qui s'en étaient emparés. En 1356, deux armées parties de Rouen, l'une par la Seine et l'autre par terre, avaient combiné leurs efforts pour assiéger cette ville par eau et par terre. Dans l'armée venue par la Seine, rapporte la *Chronique des quatre premiers Valois* (1) « furent les arbalétriers de Rouen, de « l'Eure, de Monstiervilliers et de la côte de « de la mer depuis le Chief de Caux jusqu'à « Diepe. » Ceux-ci combattirent avec tant d'ardeur qu'ils oublièrent le retrait de la mer, dit la *Chronique*, plusieurs vaisseaux restèrent échoués et les arbalétriers qui les montaient furent mis à mort par les Anglais.

On a encore rappelé la présence à d'autres époques d'un certain nombre de navires dans les

(1) *Chronique des quatre premiers Valois* (1327-1393), publiée par M. Siméon Luce. 1862.

environs du port du Chef de Caux. C'est ainsi que M. Bailleul dit (1): « En 1346, Philippe de Valois « rassembla dans les rades de Sainte-Adresse « et de Harfleur un grand armement, dans « lequel on remarquait un vaisseau immense « que les sires de Conti et de Saint-Pol de- « vaient monter avec 2,000 hommes. »

En 1359, rapporte la *Chronique des quatre premiers Valois* : « Ung bourgeois de Londres, « que l'on nommait Henry Picart, parti d'Angle- « terre, a bien 80 vaisseaux pour courre en « France comme les François avoient fait en « Angleterre. C'estui Henry Le Picart avait bien « en sa route 10,000 Anglois et vindrent arriver « en Seine, à la fosse de l'Eure. Et là prirent « terre les Anglois et yssirent hors de leur navire, « car il n'y avoit sur le païs qui les contredeist. »

Cette armée, qui prit d'assaut le fort de l'Eure, n'avait pu se concentrer tout entière sur le territoire de cette ville ; il est probable qu'elle occupa aussi le Chef de Caux, sans résistance de la part des habitants de cet endroit.

Dans tous les cas, à la même époque, les Anglais opérèrent un débarquement et firent ir- ruption dans le Pays de Caux, ce qui obligea les officiers de la ville d'Harfleur à détruire tout ce

(1) *Mémoire sur le port du Havre.* 1837.

qui pouvait, aux environs de la ville, servir de
retraite aux ennemis. On lit, en effet, dans une
charte datée de décembre 1360 (1), que ces mesures de précaution avaient été prises « afin que
« la forteresse (Harfleur) et les gens ordonnés à
« la garde d'icelle ne pussent être grevés en cas
« d'assault ou autrement par les ennemis qui
« estoient à Honnefleu et qui de chacune marée,
« deux fois le jour, pouvaient descendre à terre
« ès partie du *Chief de Caux*. Et aussi quand
« l'amiral d'Angleterre à grande puissance de
« navire *vint et arriva en Seine, et descendi à*
« *terre es dictes parties de Leure et du Chief de*
« *Caux* et à grande puissance vindrent devant la
« dite ville (Harfleur) et couvraient le pays envi-
« ron icelle ville. »

En 1369, le Roi de France employa tout
l'été à des préparatifs de guerre à Harfleur et à
Rouen. Il travaillait à rassembler sur la Seine,
entre ces deux villes, une flotte qui devait
transporter en Angleterre une puissante armée
d'invasion, sous les ordres de Philippe, son frère,
duc de Bourgogne. Il établit sa résidence à Rouen
pour surveiller lui-même les préparatifs.

Ce projet d'une invasion en Angleterre avait
peut-être été provoqué par une descente que les

(1) *Trésor des Chartes*, document découvert par
M. de Freville.

ennemis avaient faite dans les premiers jours de juillet *à Saint-Denis en Chef de Caux*, où, non contents d'avoir saccagé l'église et le cimetière, bâtis sur le *sommet d'un falaise* au bord de la mer, d'avoir violé les tombeaux, enlevé les calices et les autres ornements servant au culte, ils ne s'étaient retirés qu'après avoir fait de cette église un monceau de ruines et avoir passé une partie des habitants au fil de l'épée (1).

A la même époque, c'est-à-dire en 1364, se place l'établissement d'un feu sur le *Grouing de Caux*, pour faciliter la navigation des Castillans qui apportaient au *Quief de Caux*, *à Leure* et à Harfleur, des vins, blés, cire, sel et des cuirs préparés et mégissés à Cordoue.

En effet, on lit dans une ordonnance du roi Charles V, le passage suivant (2) :

« Nous voulons et mandons à ceux à qui il « appartiendra que l'on face en touz temps de « nuit feu au *Grouing de Caux,* afin que les nefs « et navires qui venront au port de Harfleur et « ailleurs puissent venir surement et pour aviser « leur *chemin et adresse* sans que les ditz

(1) Chronique de Froissart, T. VII, P. LXXII, édition de M. Siméon Luce, 1878. Note tirée des archives nationales, J. J. 100, n° 240.

(2) *Ordonnances des Rois de France,* T. IV. page 426. Cité par M. l'abbé Sauvage.

« marchands, gens, amiraux, maîtres et mari-
« niers du dit royaume de Castille soient tenus
« d'en payer autre chose. »

Ainsi, l'établissement d'un phare sur le promontoire du Chef de Caux remonte à plus de
cinq siècles ; il était l'un des plus anciens de
France, et dès cette époque, le Pays de Caux était
très-commerçant.

Ce phare consistait en une espèce de tour que
l'on a appelé dans la suite la *Tour des Castillans*
et plus tard le *Foyer de Guerre*.

Suivant M. de Larbre (1), le *Foyer de
Guerre* était aussi un *office* dont les seigneurs de
Bléville étaient titulaires. Ceux-ci étaient chargés
de l'entretien du feu ou fanal établi non-seulement sur le promontoire de la Hève, mais encore
sur les falaises d'Heugueville et plus loin sans
doute.

En outre, au moyen des feux allumés pendant la nuit, lorsque le danger d'une descente
semblait imminent, les habitants du voisinage
étaient avertis ; ils accouraient en masse vers le
point menacé et y faisaient bonne garde sous l'autorité d'un chef, capitaine ou seigneur, à qui le

(1) D'après divers documents et notes qui sont en sa
possession et dont il nous a laissé prendre copie avec
une obligeance tout à fait désintéressée.

roi avait confié le soin de défendre ses côtes maritimes (1).

On nommait l'emplacement ou se trouvaient
ces vigies *Foyer de Guerre,* car elles étaient de
véritables brasiers, ainsi que l'indique une enquête faite en 1524 (2) :

« Voulant en oultre prouver que au Chef-de-
« Caux, au bout de la Hève, il y avait une tour
« ou logis, assise sur le bout de la falaise où l'on
« fait ordinairement *feu et flamme* toutes les
« nuits, par personnes qui y sont par le roi ou
« ses officiers à ce commis. »

Cette tour était bien le Foyer de Guerre. En
effet, M. de Larbre a vu sur une carte de l'ancien
gouvernement du Havre, attribuée à Nicolas de
Fer, géographe du roi, au XVIIᵉ siècle, que l'emplacement du Foyer de Guerre se trouvait à peu

(1) Le clocher de l'église de Saint-Josse-sur-Mer
(Pas-de-Calais), servait en temps de guerre pour le guet.
Sur une grande sablonnière voisine du rivage de la mer,
les habitants des autres paroisses faisaient le guet, et
lorsqu'ils apercevaient quelque navire de guerre tentant
une descente, ils en avertissaient « par un signal de feu »
les habitants de Saint-Josse guettant sur la haute tour ;
ceux-ci, par un même signal, avertissaient les habitants
de Montreuil. Ce mode de télégraphie s'était conservé
des Gaulois. (Documents inédits sur la Picardie, 1871.
Page 200).

(2) Documents sur la fondation du Havre, publiés
par la Société de l'Histoire de Normandie.

près dans l'axe des phares. Cette opinion est confirmée par la désignation des chemins servant à accéder à la Hève ; la rue ou cavée actuelle des Phares était connue au siècle dernier, sous le titre de *sente conduisant au Foyer de Guerre.* Un autre chemin longeant au Nord le manoir de Vitenval, portait la même dénomination.

M. de Larbre a bien voulu nous communiquer quelques noms des titulaires de l'office dont nous parlons. En 1609, la garde du Foyer de Guerre fut continuée et confirmée à Etienne Geoffroy, Guillaume de la Vente et Geoffroy Dumont, représentant Frequetel, et Nicolas Patey (1).

En 1632 (2), Michel de Maulde, écuyer seigneur de Bléville, était garde hérédital du Foyer de Guerre (ce qui semble indiquer que ses prédécesseurs, en tant que seigneurs, étaient titulaires de cet office). Il recevait pour ses gages trois sols par jour.

En 1650, l'exercice de cet office était délégué à Hector Hérault, sieur de la Vastine, qualifié de garde pour le roi, du Foyer de Guerre du Chef de Caux, dans les actes de baptême de ses enfants, tous nés sur la paroisse de Bléville, dont l'un eut

(1) *Mémoriaux de la Chambre des Comptes*, année 1607, folio 26.

(2) Inventaire des archives départementales.

pour parrain noble dame Anne Le Prevost
femme de M. de Bléville (Michel de Maulde),
1631.

Antérieurement à 1650, ajoute M. de Larbre, on voit le même Victor Hérault, sieur de la
Vastine, exercer pareilles fonctions de garde du
Foyer de Guerre établi sur la falaise d'Heuque-
ville, paroisse où lui naquirent trois enfants, en
1645, 1646-1647, de son mariage avec Hélène
Le Roux du Coudray, mais nous ignorons à
quelles mains appartenait l'office dont il n'était
que le délégué.

Quant au Foyer de Guerre, il aura probablement disparu dans un éboulement et été remplacé, en 1775, par les phares de la Hève.

Revenons maintenant au port et au village
du Chef de Caux, à l'époque où nous l'avons
laissé, c'est-à-dire dans la deuxième moitié du
xive siècle.

Ici se place un événement épouvantable, une
seconde catastrophe qui paraît avoir été le signal
de la décadence du port et de la ville du Chef de
Caux.

Ce port était abrité vers l'Ouest, par un
promontoire ou cap qui s'étendait jusqu'au banc
de l'Eclat, et formait une baie très-profonde à
cette époque où l'embouchure de la Seine n'était
pas encore encombrée par les débris provenant des

falaises du Pays de Caux. Un courant fort rapide, venant du Nord, allant au Sud, battait sans cesse la base de ce cap très-saillant, et devait tôt ou tard amener sa destruction. Au milieu de ce cap, s'élevaient les restes de l'église du Chef de Caux, entourée de son cimetière et des principales habitations qui, ordinairement, se groupaient autour du clocher paroissial.

Un jour, c'était postérieurement à l'année 1369 et avant 1373 probablement, dans une tempête comme nous en voyons chaque année sur le littoral, le cap de Caux, miné par les flots, se désagrégea. L'église, le cimetière, les habitations furent précipitées dans la mer. Le courant se fraya peu à peu un passage entre l'extrémité du cap et la terre, et amena la dislocation du sol dont les débris allèrent combler graduellement le port du Chef de Caux. L'action du courant fut lente mais complète, et un siècle et demi après, le port du Chef de Caux était devenu, sous le titre de Port-aux-Bateaux, le refuge des modestes bateaux pêcheurs, au lieu des nefs et des galiotes de guerre.

Le désastre qui amena la destruction du cap de Caux et du village, est constaté dans un amortissement donné par le roi de France Charles V, en janvier 1373/4. Cet acte, cité en entier par M. de Freville, existe aux archives nationales; il avait

pour but de dégrever de droits royaux un terrain
donné par le seigneur du Chef de Caux pour
reconstruire l'église et rétablir le cimetière. Voici
le texte de ce document précieux :

« Charles, etc., savoir faisons à tous présens
« et à venir que nous oye l'umble supplicacion
« des habitants de la *ville du Quief de Caux sur*
« *la mer*, contenant que par fortune et force de
« la mer ; la terre sur laquelle seoit l'église par-
« rochiale avec le cimetière de la dicte ville a été
« tellement gastée que la dicte église est *chue en*
« *icelle mer et que la place là ou iceul cime-*
« *tière et église souloient être regorge aucune*
« *fois l'eaue de la dicte mer* (1).

« Et pour ce Robert de Noire-Pel dit de Vis-
« tenval, escuier, meu de devocion a donné aus
« dis supplians à perpetuel heritage et en au-
« mosne, à tous jours, une *demie acre de terre*
« qui bien souloit valoir 40 sols parisis de rente
« par an qu'il avait séant en la dite ville en
« nos fiefs et tenue de nous, en la basse-justice
« du dit Robert de Noire-Pel, dit de Vistenval,
« tenant, d'une part, à Robert Berengier dit

(1) Ce désastre, c'est-à-dire la séparation de l'Eclat
avec la terre, avait dû avoir lieu un an ou deux auparavant, car nous avons consulté l'existence de église *sur
la falaise*, en 1369.

« Loïens (1) et aus hoirs Rolin le duc, d'autre
part.

« Laquelle demie acre le dit Robert quicta,
« donna et transporta et du tout en tout delaissa
« pour *y refaire* l'église parrochiale de la dicte
« ville et y tenir cimetière.

« Aus dis supplians nous avons amorti et de
« certaine science et grace especial amortissons
« en tant comme à nous est, la dite demie acre
« de terre, pour y faire la dite église parrochiale
« et le cimentière à ce appartenant, sans ce que
« les dis supplians ou autres à qui ce appartient
« ou appartiendra soient tenus à nous et à nos
« successeurs roys de France payer aucune
« finance, laquelle finance nous, pour considera-
« cion de ce qui dit est leur quittons et remettons
« par la teneur des présentes. Si donnons en man-
« dement, etc.

« Donné au bois de Vincennes, au mois de
« janvier de l'an de grâce MCCCLXXIII et le xᵉ de
« notre règne.

« F. de Mecis. Par le roi en ses resquêtes.
« Henri. »

L'église, avons-nous dit, était bâtie sur le

(1) Ce R. Berengier appartenait sans doute aux familles de Pierre Berengier, dont la pierre tombale a été
retrouvée à Leure, de Bertin Berengier, Chef de nef
en 1295, et de Adam Berengier, l'un des combattants
de la bataille de l'Ecluse, en 1340.

point le plus avancé du Chef de Caux, entre le cap actuel et l'Eclat ; en effet, au moyen-âge, la tour ou le clocher de l'église, destiné à servir d'amer, était construit quelquefois en dehors des habitations et sur les points avancés du littoral. Eclairées pendant la nuit, les tours servaient de phares aux nautonniers pour leur signaler les écueils de la côte..

Ce qui prouve combien le port du Chef de Caux avait été lent à se combler après la catastrophe dont nous venons de parler, c'est que souvent pendant le xvᵉ siècle, on retrouve mention de débarquements et d'armements au Chef de Caux, surtout au sujet de la guerre avec les Anglais.

En 1415, Henri V, roi d'Angleterre, voulant revendiquer des droits à la couronne de France et pour ne pas perdre de temps, avait fait mettre à la voile tous ses vaisseaux qui se trouvaient prêts dans les ports anglais. Le 13 août, l'escadre était en vue des côtes de Normandie, et le lendemain, les troupes du monarque anglais débarquaient au Chef de Caux, se promettant bien de conquérir la France. Ce fait important dans les annales du port du Chef de Caux est rapporté par les chroniqueurs du temps qui, cependant, ne sont pas d'accord sur l'importance de la flotte ennemie.

Jean Lefèvre, seigneur de Saint-Rémy, s'exprime ainsi dans ses mémoires (1) :

« Le roi d'Angleterre passa la mer luy et
« toute son armée. Et tant exploitèrent de nager
« que par une nuit, veille de l'Assomption de
« Nostre-Dame, ils prinrent Havre entre *ung*
« *port qui est entre Honnefleur et Harfleur, où*
« *l'eau de Seine choit en la mer*, et povaient bien
« être *huit cents vaisseaulx*, chargés de gens et
« habillements de guerre ; et prinrent terre sans
« effusion de sang. Et après que tous furent des-
« cendus, le roi d'Angleterre se logea à Guerar-
« ville, en un prioré, et les ducs de Clarence et de
« Glocestre, ses frères, assez près de lui. Et
« après assiégèrent Harfleu qui est la clé de la
« mer de toute la Normandie. »

« Enguerran de Monstrelet (2) rapporte ce
débarquement dans les mêmes termes ; toutefois,
il dit que les Anglais *prinrent par ung havre*
entre Harfleur et Honnefleu où l'eau de Seine
chet en la mer, au nombre de *seize cents vaisseaux*.

L'historien Cambden (3) est plus explicite,
il raconte que Henri V commença par détruire les

(1) Edition J. Buchon, 1838, chapitre LVI.
(2) Edition Douët-d'Arcq. 1861.
(3) Cité par M. Pinel, en 1824.

défenses qui, par mer, protégeaient le Chef de Caux. Voici le passage de ses *Mémoires* traduit du latin :

« Le roi d'Angleterre, après avoir brûlé les « vaisseaux sillonnant la mer, aborda en Nor- « mandie un endroit appelé : *Chef de Caux*, sans « rencontrer aucune résistance. Or, il emmena « avec lui une flotte de *quinze cents navires*, « suffisamment disposés pour la guerre, et pen- « dant qu'il faisait le siège d'Harfleur, etc. »

M. Pinel avait cité un extrait de la *Chronique* dite de *Nagerel*, où il était mentionné que l'armée de Henri V, composée de 8,000 hommes des environs de Caen et de 14,000 Anglais, aurait opéré sa descente au *port de la Hève dit de Sanvic, qui fut bouché avec des nacelles remplies de pierres*. Cet extrait est complètement erroné, quant au *nom* du port, la *Chronique* dite de *Nagerel* mentionne la *descente du Chef de Caux* comme endroit de débarquement.

Les anciens chroniqueurs indiquent, comme on le voit, le Chef de Caux dans cette circonstance; un autre, nommé P. Cochon (1), signale comme point d'arrivée de l'armée anglaise le *port de Leure* : « Henri Quint de Lancastre,

(1) Chronique publiée et annotée par M. Vallet de Viriville. 1859.

« roi d'Angleterre, deschendi à la fosse de l'Eure
« et prist terre sans que nul lui contredisit. »

Nous admettons les deux versions : Le
débarquement a pu commencer au Chef de Caux
et se terminer à Leure, en raison du nombre
considérable de navires amenés par les Anglais.
Les seize cents bâtiments n'auraient jamais pu
tenir seulement, soit dans le port du Chef de
Caux, soit dans la fosse de Leure.

Ce débarquement sans résistance, qui semble
étonner les chroniqueurs dont nous citons les
mémoires, indique évidemment que le Chef de
Caux pouvait être défendu et, par suite, était fortifié à cette époque.

En effet, d'après la *Chronique du Religieux
de Saint-Denys* (1) : « Il eut été facile d'empê-
« cher ce débarquement. Au dire des hommes de
« mer et de tous les habitants des côtes voisines,
« il eut suffi d'une poignée de gens de guerre;
« car ce débarquement ne pouvait s'effectuer sans
« grandes difficultés et demandait beaucoup de
« temps, puisque les Anglais employèrent plu-
« sieurs jours à décharger les bagages, les tentes
« et leur matériel de siège. »

Aussitôt, les ennemis mirent le siège devant
Harfleur, qui se rendit le 22 septembre suivant.

(1) Publiée et traduite par M. Bellaguet. 1844.

Maîtres du Pays de Caux et profitant de la
Terreur qui régnait dans les environs d'Harfleur,
les Anglais se mirent à piller et à ravager les
campagnes, non sans livrer quelques combats,
dont l'un près de Valmont et un autre près du
Chef de Caux et de Sanvic.

On lit à ce sujet, dans la *Chronique de Normandie* dite de *Jean Nagerel*, citée par M. de
Lamotte dans ses *Antiquités d'Harfleur* (1676) :

« L'an 1416, le comte de Dorset étoit à Harfleur, et un peu auparavant que le roi de France
le fit assiéger, il fut jusqu'à Cany, et au déloger,
y fit mettre le feu. Le comte d'Alminach (lisez
d'Armagnac), qui était connétable de France,
avait grand nombre de gens d'armes, y étoient
messire Louis de Logny, Thibault de Laval et
plusieurs autres seigneurs de marque ; les Anglais
étant partis le 14 de mars de Cany (il y a évidemment une erreur de date, car ce fut en janvier qu'eut lieu le combat près Valmont), ils se
rencontrèrent à Vieuville, près Vallemont, où il
y eut *grand combat*, et le comte Dorset se tint
en bataille avec une partie de ses troupes, sur un
fossé, au bout d'un jardin où les Français ne
purent entrer, et en cette place et à l'endroit de ce
jardin, il y eut 800 Anglais de tués au rapport
de ceux qui les enterrèrent, et quand la nuit fut
venue, Dorset et d'Arminach se parlèrent et l'on
ne put savoir ce qu'ils traitèrent ensemble, mais

d'Arminach fit sonner la retraite, laissa les Anglais et s'en alla loger à Vallemont, dont les Français furent mal contents, tous les Anglais perdirent leurs chevaux et bagues ; de là partirent les Anglais, tous de pied, et marchèrent toute la nuit, allant par-dessus la grève à Harfleur, et le lendemain, le comte d'Arminach et sa compagnie les poursuivirent et atteignirent près du *Chef de Caux, sur les grèves* où descendirent les Français pour combattre. D'Arminach ne descendit point, *mais se tint sur la falaize* où lui et ses gens regardaient le combat des Français sans leur ayder, pourquoi les Français furent battus et défaits; il y mourut plusieurs gentilshommes du pays de Caux entre lesquels fut Villequier, après cela, les Anglais s'en retournèrent à Harfleur et d'Arminach à Montivilliers, sans rien exécuter. »

Lefèvre de Saint-Rémy rapporte de son côté, au sujet de ce dernier combat (1) :

« Et quant ce vint au soir, les Franchois se
« retrayrent pour eux rafraischir en un village
« là au plus près; mais le duc d'Exetre, et ses
« gens, doutant la journée, se partit environ le
« point du jour, et tira vers Harfleur. Laquelle
« despartie sçurent assez tost après les Franchois,
« qui de rechef les poursuivirent et les *rateindi-*

---

(1) Chapitre LXXII, édition J. Buchon. 1838.

« *rent sur les marès assez près de Harfleur*
« *environ deux lieues.* Si les assaillirent comme
« devant, mais les Anglois voyant que sans mort
« ou prison ne pouvoient eschapper, ruèrent
« pied à terre. Si se defendirent en telle manière
« qu'ils desrompirent les Franchois et mirent en
« fuite. Si moururent en la place jusqu'à douze
« cents Franchois, entre lesquels fut le principal
« le seigneur de Villequier, qui estoit conduc-
« teur ; le demeurant se sauva. »

Enguerran de Monstrelet rapporte de son
côté : « Le comte Durset redoutant la journée du
« lendemain se partit dudit lieu (près de Val-
« mont) aveques ses gens environ le point du
« jour et se tira pour retourner à Harfleur.
« Laquelle départie les François sceurent assez
« tôt, lesquels de rechef les poursuivirent et ra-
« taindirent *sur les marches* (1), à deux lieues
« d'Harfleur. Si les assaillirent ainsi comme de-
« vant, mais parceque iceux François n'estoient
« pas tous ensemble furent desconfis, et en y eut
« mors sur la place bien douze cents. »

Toutefois, d'après le religieux de Saint-
Denys, les Anglais, après leur défaite à Valmont,
se seraient enfuis et réfugiés dans le bois des Loges,
puis auraient livré un deuxième combat où ils

_____

(1) Marches signifiaient : frontière, borne, limite,
confins.

auraient encore été vaincus : Il ajoute que le comte Dorset et ses principaux seigneurs parvinrent, par des chemins détournés et à travers des bois, jusqu'au bord de la Seine où ils trouvèrent un bateau amené par là par hasard ou préparé à dessein, et retournèrent ainsi par eau à Harfleur.

En combinant le récit fait dans la *Chronique de Nagerel* avec les indications données par Lefèvre de Saint-Rémy et Monstrelet, il est facile de déterminer l'endroit précis du combat livré aux environs d'Harfleur.

Les marais dont parle Lefèvre de Saint-Rémy, étaient très-certainement situés près du Chef de Caux, car la *Chronique de Nagerel* mentionne le voisinage de cette paroisse, et Monstrelet indique que le combat eut lieu sur les marches, c'est-à-dire les limites ou frontières d'Harfleur, à deux lieues. Or, à cette distance, se trouvaient les marais du Chef de Caux et du Bas-Sanvic, aujourd'hui engloutis dans les flots. Ajoutons que l'emplacement était relativement favorable aux Anglais; ils étaient en vue d'Harfleur d'où ils pouvaient espérer du secours en cas de défaite sans craindre les garnisons des autres places fortes.

La version du religieux de Saint-Denys nous paraît trop peu en harmonie avec celle des trois chroniqueurs déjà cités pour appuyer une opinion

7

quelconque, et nous ne la mentionnons que sous toutes réserves.

La France, voulant venger la perte de la bataille d'Azincourt et reprendre Harfleur, avait traité avec les Génois d'un certain nombre de navires ou carraques qui, après avoir porté la terreur sur les côtes d'Angleterre, vinrent tout à coup fermer le port d'Harfleur pendant que cette ville était investie par terre. La flotte anglaise vint au secours de la garnison assiégée, et pour y arriver, attaqua les lourdes carraques génoises qui abandonnèrent la lutte en obligeant l'amiral français à lever le siège. M. Bailleul porte à trois cents le chiffre des navires anglais qui combattirent à cette occasion dans la rade du Chef de Caux.

En 1419, après la capitulation de Rouen, la Normandie rentra complétement sous la domination anglaise; c'était deux siècles après que Philippe-Auguste eut dépouillé le malheureux Jean Sans-Terre. La Normandie fut alors divisée en coupes, réglées et partagées entre les nouveaux conquérants. Les seigneurs normands cédèrent la place aux officiers anglais pendant un quart de siècle. Le roi d'Angleterre suivait en cela l'exemple du duc de Normandie, Guillaume-le-Conquérant, qui, après avoir conquis l'Angleterre, récompensa les compagnons de sa gloire en leur distribuant les terres confisquées sur les Anglais; il avait ainsi divisé le royaume britannique en plus de 6,000 fiefs qui étaient devenus l'apanage des Normands.

Le fief ou seigneurie de Saint-Denis du Chef de Caux, dit de Vitenval, appartenait, au moment de l'invasion anglaise, à Pierre Le Marchant, au droit de sa femme. Le roi d'Angleterre confisqua cette terre au profit de Jean Wycheford ou Bichefort, moyennant la redevance annuelle et en nature d'une ceinture de hauberjon de la valeur de cinq sous. Cette redevance devait être remise à Harfleur le jour de la Saint-George (1).

D'autres faits prouvent encore l'importance qu'avait, au xve siècle, le port du Chef de Caux. Le 24 avril 1421, le monarque anglais avait accordé *l'office du fermier de la marchandise (?)* du Chef de Caux, à William Barrys, sujet anglais.

Le Chef de Caux n'étant pas, comme Harfleur ou Montivilliers, une ville close et murée, n'eut pas à supporter, d'une manière permanente, l'occupation anglaise, Avant 1440, cette partie du Pays de Caux était libre de toute occupation, tandis que les Anglais étaient de nouveau en possession d'Harfleur. Le roi de France, pour essayer

(1) De même, la terre de Bléville avait été donnée à Guillaume Shankedon, à la charge d'une épée en gaine. Le marquisat de Graville, d'une valeur plus considérable, avait été concédé au chevalier Louis Robessart, moyennant un faucon de quinze livres.

de reprendre cette ville, avait envoyé une armée de 4,000 hommes, commandée par le comte d'Eu, le comte de Dunois et autres *Chiefs de guerre*, dit Monstrelet (1).

Ces officiers tinrent conseil dans la ville de Montivilliers, sur les précautions nécessaires pour le siége ; il fut notamment décidé *que le comte d'Eu monterait sur la mer, avec un certain nombre de combattants au Chief de Caux* pour assiéger la ville du côté de la mer, tandis qu'une autre partie attaquerait par terre. Cette résolution fut exécutée, mais sans succès. *Le comte d'Eu et ceux de sa compagnie qui étaient commis pour assaillir le siége de la marine, boutèrent en avant sur la mer, mais ce fut peine perdue;* après qu'ils eurent perdu aucunlx de leurs vaisseaux qui étaient demeurés sur le gravier, ils se retirèrent à Montivilliers, et le siége d'Harfleur fut abandonné (1).

Huit ans plus tard, le Chef de Caux était occupé par les alliés de Charles VI, les soldats du duc de Bretagne, qui opérèrent, au mois d'octobre 1448, une capture précieuse dans les circonstances suivantes :

Une trève durait depuis plusieurs années

(1) *La Chronique d'Enguerran*, de Monstrelet. — Tome 5, page 421, édition de M. Douët-d'Arcq. 1861.

(1) *Chronique de Monstrelet.* Page 422.

déjà entre la France et l'Angleterre, et semblait devoir amener une paix définitive, lorsque le gouverneur de la Basse-Normandie pour les Anglais, le chevalier Surienne, dit l'Aragonnais, donna le signal de nouvelles hostilités en s'emparant de la petite ville de Fougères. Toutefois, avant de tenter cette entreprise, de connivence avec l'Angleterre, et pour en recueillir par avance les bénéfices, Surienne avait envoyé en Angleterre, au mois d'août 1448, deux hommes de guerre anglais nommés Guillaume Hales et Richard Hausclin. « Après un séjour de deux mois, Hales renvoya « Hausclin par devers l'Aragonnais (Surienne), « avec V^c à VI^c nobles d'or (1), 100 aulnes de gris « et 50 aulnes de drap de soye, 280 arcs et 200 « trousses. Lequel Hausclin, en s'en venant sur « un navire de Rouen, *fut destroussé* à la coste « de Normandie *au Chef de Caux par aucunlx* « *de ceulx de Bretagne* » (2).

Quelque temps après, les Anglais, chassés de toutes les villes qu'ils occupaient en Normandie, durent quitter notre territoire, non sans y avoir laissé de nombreuses traces dévastatrices de leur séjour.

Vingt ans après la rentrée des Français en

(1) C'est-à-dire 500 à 600 nobles d'or.

(2) Information faite par G. Juvenal des Ursins, à Rouen, en octobre 1449. Pièces pour les histoires de Charles VII et de Louis XI. 1859.

Normandie, le Chef de Caux fut encore choisi par nos voisins d'Outre-Manche pour pénétrer de nouveau en France.

Le traité de Péronne, arraché à Louis XI, en 1468, avait profondément irrité ce prince ; Charles de Bourgogne, de son côté, comptait peu et non sans raison, sur la loyale exécution du traité. De là intrigues et manœuvres réciproquement hostiles. Louis secourait sous main les Liégeois révoltés contre le duc. D'une autre part, Charles protégeait ouvertement le duc de Bretagne, que Louis avait placé dans une position difficile en lui envoyant son ordre de Saint-Michel. Dans la lutte des maisons d'York et de Lancastre, qui ensanglanta si longtemps l'Angleterre, le duc de Bourgogne avait pris le parti d'Edouard ; c'était assez pour que le roi de France se déclara pour Henri. Warwich, réfugié en Normandie, où il faisait les préparatifs d'une expédition tendant à rétablir Henri de Lancastre sur le trône, continuait ses courses sur mer contre le commerce anglais et bourguignon, et conduisait ses prises dans les ports de la Basse-Seine où il trouvait un refuge assuré.

En 1470, une expédition armée de concert avec l'Angleterre et la Bourgogne, vint débarquer au Chef de Caux, aux environs d'Harfleur, dont les armateurs secondaient les courses de Warwich avec lequel ils en partageaient les produits. La flotte Anglo-Bourguignonne, usant de représailles, vint enlever et brûler les vaisseaux marchands jusque dans le port d'Harfleur.

Le roi prétexta une grande irritation, et sur ses plaintes, le duc fut déclaré atteint et convaincu du crime de lèse-majesté, et l'instruction de son procès enjointe à la cour des ducs.

L'enquête que nous rappelons est certainement l'une des pièces les plus curieuses de cette procédure, qui n'aboutit qu'à une guerre signalée comme tant d'autres par de stériles dévastations.

Cette enquête, dont une copie existe aux archives de Troyes, et qui a été publiée en 1858, par la Société des Antiquaires de Normandie, avait été faite par « Jehan Toutain, écuyer d'écurie du roi, seigneur de Bléville, et Jehan le Jennehomme, eleu pour le roi en l'élection de Montivilliers, commissaire du seigneur de Bléville, en vertu de lettres-patentes données à Paris, le 24 juin 1471. »

L'information de ces deux enquêteurs avait pour but de vérifier les « excès, invasions, homi-
« cides, descentes, boutements de feux et autres
« entreprises faites par les Bourguignons en pays
« de Normandie, *mesmement à la côte du Chief*
« *de Caux* et environ Harfleu, lorsqu'ils vin-
« drent en armes avec des Anglais pour invader
« le dit pays de Normandie, et aussi de toutes les
« descentes, brulements de navires et de maisons,

« ravissement de bien et autres exploits de guerre
« faits par les dits Bourguignons en Normandie,
« ensemble de leurs cris, marmoteures, enseignes,
« sommations et paroles par eux dites et profé-
« rées. »

Le seigneur de Bléville et Jehan Le Jenne-
homme entendirent d'abord, le 27 juillet 1471,
neuf habitants de *Bléville sur la mer*, *près le
Chief de Caux*, et dont voici les noms : Richard
Guillain, Jehan Leconte, Guillaume de la Marc,
Pierre Maze, Jean Aubeigue, Raoul Duval, Colin
Gougeas, Jean Pelé, Guieffin le Plaideur (!) qui
déclarèrent ce qui suit :

« L'année passée 1470, le mercredi 13 juin,
virent arriver de la mer grand nombre de navires
es partie du Chief de Caux, qui estaient en nombre 18 navires à chasteau devant ; 2 galiaces et 2
roberques et illec se mirent et posèrent l'ancre.

« C'étaient navires de guerre chargés de gens
étant au duc de Bourgogne. C'étaient gens de
guerre et le savent parce que tantôt après qu'ils
eurent posé leurs ancres et se furent mis à la rade,
firent mettre à terre, *au lieu appelé la Tuilerie*,
un poursuivant ou hérault d'armes, duquel ne
savent le nom, couvert de la cotte et blason d'armes du comte de Campfer, lequel après qu'il fut
descendu dit à eulx et autres là assembles qu'il
était envoyé de par le dit comte de Campfer et

tout le navire illec arrivé, de par le duc de Bourgoigne, mais qu'ils ne feraient aucun déplaisir au pays ni à personne estant en la seigneurie du roi et qu'il allait à Harfleu devers le capitaine et bourgeois d'icelle, comme il le disait.

« Ils pouvaient bien être 5 à 6,000 dans les navires. Tantôt après que le dit navire de Bourgoignons se pose à l'ancre et que ledit hérault eut été mis à terre se partirent de la flotte des dits navires, grant quantité d'iceux avec leurs flambers et jusqu'au reste de nefs qui ne pouvaient approcher plus près des terres et vinrent au port et havre d'Harfleu appelé la fosse de Leure et illec prirent trois grands navires chargés de sel et autres denrées et icelles amenèrent et en firent ce que bon leur sembla.

« Après ce, s'efforcèrent d'enlever et amener 5 autres navires de marchands étant à l'ancre, ce qu'ils ne purent obstient que les mariniers étant en iceux, voyant qu'ils ne pouvaient résister aux Bourgoignons, lever leurs ancres et firent frapper les navires à terre et se mirent en fuite. Et quand les dits Bourgoignons virent qu'ils ne pouvaient s'en emparer y boutèrent le feu tellement qu'ils furent du tout brulés et ars en perdition.

« Les Bourgoignons descendirent en grand nombre au lieu ou descente de Leure tous en armes et habillements de guerre et tuèrent deux hommes. »

Le 25 juillet, les enquêteurs entendirent quatre habitants de Leure qui confirmèrent la déposition des premiers. Le même jour, Jehan Nordère, âgé de 45 ans, et Jehan Breton, âgé de 50 ans, de la paroisse de *Saint-Denis du Chief de Caux* déposent comme ceux de Leure et de Bléville : « Enquis s'ils savent quelles marmoteures et « ensaignes portaient en leur navire les dits Bour- « goignons : Disent que pendant que le dit navire « de Bourgoigne estait au *Chief de Caux*, ils pas- « sèrent par plusieurs fois au borc de la terre des « dits navires et congnurent qu'ils portaient en « leurs marmoteures la croix de Saint-André « et les armes de Bourgoigne. Et plus n'en sa- « vent.

Jehan de l'Estandart, écuyer, lieutenant à Harfleur du comte de Dampmartin, capitaine de cette ville, dépose : « Le mercredi de la Pente- « coste, il sait qu'il était arrivé *grant nombre de* « *navires au Chief de Caux*, pourquoi il envoya « un sieur Maulevrier pour savoir quels navires « c'était et pour avoir des nouvelles ; se tira hors « de la porte de Leure et lui rapporta que c'était « les gens du duc de Bourgoigne. »

Pendant qu'il parlementait avec le héraut d'armes envoyé vers les habitants d'Harfleur, « *les dits Bourguignons avec leurs roberges et* « *flambars des grands navires qui étaient à* « *l'ancre au dit Chief de Caux*, vinrent droit à

« la fosse de Leurè et enlevèrent ou brûlèrent
« huit navires. »

Jehan Vienneur, écuyer, vicomte de Tancarville, demeurant au dit Harfleur, confirme ce
qui précède en disant que pendant son entrevue
avec le héraut d'armes bourguignon « certain
« nombre de navires des dits Bourguignons en-
« traient en grande diligence dedans la fosse de
« Leure, *distant du dit Chief de Caux* de
« deux lieues ou environ, en laquelle était grand
« nombre de navires de plusieurs pays. »

Bref, ce débarquement se borna au pillage
et à l'incendie de quelques navires, ainsi qu'à la
mort de deux habitants d'Harfleur. On voit par
l'enquête dont nous avons rappelé les principales
dépositions, qu'à cette époque, le port du Chef
de Caux n'était plus accessible aux navires d'un
certain tonnage ; ceux-ci se contentaient de jeter
l'ancre et de débarquer leurs hommes avec des
embarcations.

Les auteurs de l'histoire d'Harfleur (1) ajou-
tent que le lieutenant avait fait porter deux
canons et quelques munitions au Chef de Caux
pour protéger les gens de cet endroit.

Les mêmes auteurs rapportent qu'en 1491
le roi d'Angleterre, Henri VII, trompé dans sa
politique par le mariage de Charles VIII avec

(1) MM. Dumont et Léger.

Anne de Bretagne, tenta une descente en France. Sa flotte se présenta au Chef de Caux, mais les habitants d'Harfleur s'y étaient portés en armes, après avoir assuré la défense de la ville qui avait reçu un supplément d'artillerie et de munitions.

Les braves Harfleurais restèrent pendant quinze jours au Chef de Caux et « se portèrent si « vertueusement qu'iceux Anglois qui étaient en « mer avec grand exercice et armée de mer s'en « retournèrent à leur confusion et ne firent, grâce « à Dieu, pour lors aucune descente (1). »

La ville d'Harfleur avait fait les frais de fortification du Chef de Caux, ainsi que le prouve le compte de son trésorier, receveur des deniers communaux Loys Raoullin.

Nous citerons d'abord un mandat délivré le 25 octobre 1490 par Guillaume de la Motte, écuyer, capitaine des villes d'Harfleur et de Montivilliers ; Raoul Cappel, Jehan Lebourgoys, Jehan du Liz et Guille Paon, élus aux affaires et gouvernement de la ville d'Harfleur.

Ce mandat (2) ordonnait au trésorier Raoullin de payer « à Méry Peronneau, la somme de « 108 sols 9 deniers tournois pour 75 pieux de « chesne et haitre qu'il a baillés et delivrés en sa

(1) *Charte de Charles VIII*, citée par les mêmes.
(2) Dont une copie nous a été communiquée par M. Dumont, l'un des auteurs de l'*Histoire d'Harfleur*.

« vente pour la *fortification et emparement*
« *de la descente du Chief de Caux*, soit 4 livres
« 13 sols 9 deniers. Et pour avoir fait trois
« voyages de son charriot pour mener et charrier
« les dits pieux de la forêt *jusqu'au dit Chief de*
« *Caux*, la somme de 15 sols. »

On lit dans le compte du même trésorier,
cité par M. Pinel, ce passage fort intéressant pour
l'histoire du Chef de Caux :

« A Adrien Leclerc, pour lui et ses compai-
« gnons, pour une tâche de pionnerie qui lui a
« été baillée à faire à la *tranchiée du Chief de*
« *Caux pour la fortification et emparement* du
« dit lieu, par l'ordre de M. de Montillon, com-
« missaire du Roi notre sire, tant des murailles,
« tranchées et bouleverts. Pour la garde et de-
« fense du pays par advis et délibérations des
« officiers du roi, nobles gens du pays et gens à
« ce cognoissant illec assemblés, etc., pour faire
« deux jetées de pieulx, fagots et pierres en de-
« vant du boulevart; il fut employé 113 pieux de
« 18 pieds de long en chêne, hêtre et 6 pieux de
« saule à 15 deniers la pièce : 7 livres 2 sols
« 3 deniers. Tout ce travail, pieux compris,
« monta à 61 livres 7 sols 4 deniers, le marc
« d'argent étant à 11 livres 10 sols.

« A Geoffroi Bonnet, 22 livres tournois pour
« 1,400 de caillou taillé, livré à *la Tuilerie*,
« *proche le Chef de Caux.* »

Non-seulement la ville d'Harfleur supportait les dépenses des fortifications; mais elle fournissait encore l'armement et les hommes jusqu'à l'arrivée des Harfleurais, ainsi que les vivres et les munitions pendant tout le temps que les Anglais menaçaient d'un débarquement.

C'est ainsi que le trésorier Raoullin rapporte avoir « payé 32 sols 6 deniers à Jean Bernai « Gautier pour 18 sacs à mettre les pouldres à « canon que l'on a *portées au Chief de Caux*, « pendant le temps que les Anglais étaient près « du dit lieu, doutant qu'ils voulussent faire des- « cente, auquel lieu furent menées plusieurs « pièces d'artillerie de la dite ville d'Harfleu. »

Enfin, Loys Raoullin mentionne les dépenses de nourriture qu'il a faites pour la *garnison du* Chef de Caux : « Pour fournitures faites au « capitaine Henri Flamen et sa bande et compai- « ges, au nombre de sept vingt, tous ostrelins de « Danemarck, lesquels furent menés au *Chief de* « *Caux*, au mois d'avril avant Paques 1491 pour « resister à la descente que s'efforçaient faire les « Angloys au dit lieu de *Chief de Caux par ce* « *que dès lors, les nobles et gens du pays n'é-* « *taient pas assemblés.*

« A Guilbert, pour avoir vendu plusieurs « harnoys, arbalestres, couleuvrines et autres « habillements de guerre aux dits ostrelins : 14

« livres 16 sols ; à Jacques Frontault pour 8 ba-
« rils de cervoise (bière) : 8 livres. Pour 209
« pots de cidre à 5 deniers le pot ; hareng à 1
« livre le cent ; 500 sardines à 5 sols le cent ;
« pour les chevaux, 1/2 vergée de vesce, 12 sols ;
« pour les chevaux, vergée de foin, 10 sols ;
« pour les chevaux, 3 quarterons de dragée,
« 15 sols ; pour un gros tabour (tambour) fourni
« aux ostrelins : 7 sols 8 deniers. »

Si l'ennemi n'avança pas pour détruire ces
travaux de défense, la mer se chargea dans la
suite de les anéantir, si bien qu'il n'en reste plus
de trace aujourd'hui.

Ici se termine l'histoire et sans doute l'existence du port du Chef de Caux, dont nous
venons de rappeler la fondation, la prospérité et
la décadence. La mer a accompli à peu près totalement son œuvre de destruction, les derniers
vestiges des travaux maritimes ont disparu avec
le sol sur lequel ils s'appuyaient. Bientôt un autre
port plus vaste, une ville plus célèbre va prendre
la place du Chef de Caux, de Leure et d'Harfleur
à l'embouchure de la Seine. Le Havre leur
succèdera dans les annales maritimes et commerciales.

Le port du Chef de Caux sera remplacé,
à partir du XVIᵉ siècle, par un modeste refuge

connu sous le nom de Port-aux-Bateaux, fré-
quenté par quelques barques de pêcheurs. Au lieu
des nefs de guerre des XIIIe et XIVe siècles qui
s'armaient au Chef de Caux, Sainte-Adresse ne
comptera plus pour habitants que quelques
hommes paisibles, partageant leur temps entre
la pêche et la culture des nombreux jardins qui
tapissent le sol de cette paroisse.

CHAPITRE V

LA SEIGNEURIE ET LES SEIGNEURS DE VITENVAL

Origine de la noblesse normande. — Cinq familles ont successivement possédé Vitenval : les Noirepel, Le Marchant, du Vœsin, Le Grand, Lestorey de Boulongne. — Le château de Vitenval. — Sa situation. — Etait-ce un château-fort. — Etat actuel. — M. Thibault. — La solitude. — Les droits féodaux. — Opinion de M. Guizot. — Etendue de la seigneurie. — Moulins. — Quatre-vingts lavoirs. — Droit de patronage. — Contestations à ce sujet. — Prérogatives attachées à ce droit. — Redevances. — Armoiries. — Le fief Caillot.

Ous avons déjà mentionné, à différentes reprises, les noms de quelques seigneurs de Vitenval ou de Saint-Denis du Chef de Caux ; étudions maintenant leur origine, leurs privilèges et leur disparition de l'histoire.

Quant à l'origine de la noblesse, en général, nous savons (1) qu'après la conquête de la

(1) Goube : *Histoire du Duché de Normandie.*

8

Neustrie par Rollon, ce prince usa des droits que ses armes lui avaient acquis, en récompensant ses compagnons par des domaines démembrés de son duché, sous l'expresse condition de la foi, hommage et du service militaire. Ainsi, tous les nobles normands s'engageaient à porter les armes pour leur souverain.

C'est donc au commencement du xe siècle que la noblesse de race ou d'ancienne extradition normande doit son origine; elle s'est accrue prodigieusement par les récompenses successivement accordées, plus tard, à ceux qui rendaient des services signalés aux souverains.

Nous ne connaissons aucun titre qui permette de faire remonter la seigneurie du Chef de Caux au temps de Rollon ; mais cette terre ne dut pas être oubliée dans le partage qu'il fit entre ses sujets. Son titre de *fief de Haubert*, c'est-à-dire possédé par un chevalier qui était obligé d'aller servir le Roi à la guerre en portant le haubert, indique bien une origine guerrière. Elle pourrait cependant avoir une origine moins illustre. Après la conquête de la Normandie par Philippe-Auguste, en 1216, on avait créé des nobles par édit et moyennant finance. Peut-être le seigneur de Vitenval était-il de ceux-là. Son voisin, Godefroy de Bléville, était, en 1180, garde de la baillie du pays de Caux pour le roi d'Angleterre, Henri II; c'est-à-dire chargé de rendre la justice pour les comtes (1).

Dans tous les cas, cette seigneurie existait au commencement du xive siècle, car en 1337, son titulaire était en procès avec l'archevêché de Rouen.

Cinq familles ont possédé successivement le fief de Saint-Denis Chef de Caux, dit de Vitenval, peut-être à cause du manoir seigneurial qui était bâti dans un val, vallon; ce qui fait écrire à M. l'abbé Tougard, dans sa géographie, *Vit-en-Val*. On connaît d'abord les Noire-Pel, Peau-Noire, dit Morlent ; les Le Marchant ; les Le Grand et les Lestorey de Boulongne. Un autre titulaire du même fief ne paraît pas avoir fait souche, c'était Jean Wyscheford ou Bicheford, soldat anglais, qui a possédé la seigneurie pendant l'occupation anglaise, de 1419 à 1450.

Voici la généalogie de ces familles, que nous devons en grande partie aux patientes recherches de M. Albert de Larbre.

1337 : Robert Noirepel, sieur de Vitenval, alors mineur sous la garde-noble du sire de Graville, est en procès avec l'archevêque de Rouen, au sujet du patronage de l'église du Chef de Caux.

(1) *Antiquités anglo-normandes*, par Ducarel. 1767 ex-appendice *libri Rubeo scacarii*, p. 29.

1340 : Jean Noirepel, parent du précédent, arme et équipe une nef pour la bataille de l'Ecluse.

1360 : Robert Noirepel de Vitenval voit les murailles de son manoir démolies par les habitants d'Harfleur, sous prétexte que les Anglais s'y réfugiaient et partaient de là pour piller le pays de Caux.

1373 : Robert de Noirepel donne un terrain à la paroisse de Saint-Denis Chef de Caux, pour reconstruire l'église qui était tombée dans la mer.

1398 : Robert de Noirepel, petit-fils du précédent, alors mineur sous la garde-noble du roi, soulève une nouvelle contestation au sujet du patronage de l'église. Ce Robert Noirepel eut deux filles, dont la puînée épousa Jean de Rogierville ; l'aînée, Typhaigne, se maria avec Pierre Le Marchant, qualifié Pierres Merchant de Victenvall, dans le rôle des Normands expropriés comme rebelles par le roi Henri V, dans le pays de Caux (1).

Après ce même Pierre Le Marchant, la seigneurie de Vitenval passa entre les mains d'un

(1) *L'émigration normande et la colonisation anglaise en Normandie au xve siècle*, par Léon Puiseux. 1866.

officier du conquérant anglais, ainsi que le cons-
tatent ces deux documents :

« Jehan de Wycheford a eu les terres qui
« furent à Pierre Marchant de Vitenvalle et sa
« femme avec autres terres, à la charge d'une
« sainture de hauberjon estre poié à Harefleu à
« la feste S. George (1). »

Voici maintenant un extrait de l'acte de
concession, traduit également du latin, sauf quelques lacunes : « Le Roi, etc., vous saurez que
« pour les bons services que nous a rendus notre
« ami Jean Wycheford, valet, et qu'il nous
« rendra dans l'avenir, nous lui avons donné et
« accordé toutes les terres qui appartenaient à
« Pierre Marchant de Vitenval, encore rebelle
« dans le bailliage de Caux; et aussi tout ce qui
« est attaché à la terre, les revenus, etc. Et encore
« dans le même bailliage, les terres qui ont
« appartenu à feu Amary Clarel, etc. Terres qui
« appartiendront à Jean Wycheford pour la
« valeur de 160 écus par an. En reconnaissance,
« il donnera une ceinture au lieu d'une cuirasse,
« en notre ville d'Harfleur à la fête de S.
« Georges.

(1) Extrait d'une partie des « dons faiz par le feu roy
Henry, roy d'Angleterre, Vme de ce nom, à la réduction
de sa duchie de Normandie. » Manuscrit du xve siècle.

« Nous réservant. toujours et à nos héritiers
« haute et suprême justice et toute espèce de
« droit qui pourra nous appartenir, etc.

Le Roi étant présent.

« Par le Roi, etc.

« 19 avril 1419. » (2)

Nous voyons, après l'expulsion des Anglais
du pays de Caux, apparaître une famille du
Vœsin comme possesseur du fief de Vitenval et
d'un autre petit fief situé également à Saint-
Denis du Chef de Caux.

En effet, on lit dans un manuscrit intitulé :
Etat des biens connus en la vicomté de Mon-
tivilliers (en tant que de son ancien domaine),
appartenant à M. l'abbé Guenégaud, sei-
gneur engagiste de cet ancien domaine. Etat
commencé à la fin de 1712 :

« En l'an 1503 (ce qui laisse présumer que
« son père en était déjà et depuis longtemps pos-
« sesseur), noble homme Jean du Vœsin, écuyer,
« affirmait au vicomte de Montivilliers tenir du
« roi un demi-fief appelé Vitenval, assis à
« Saint-Denis Chef de Caux et s'étendant à Blé-
« ville, et, au nom de sa femme, Françoise

(2) Rôles normands et français tirés des *Archives de*
Londres, par Brequigny. — *Société des Antiquaires de*
Normandie. 1858.

« Godart, un sixième de fief nommé *Caillot*,
« tenu de la seigneurie de Graville, également
« assis à Saint-Denis Chef de Caux. »

Jean du Vœsin, né vers 1460 ou 1465,
eut de son mariage avec Françoise Godart deux
enfants : Robert du Vœsin, qui épousa Jeanne
d'Esmalleville; Philippe du Vœsin, né en 1495,
qui devint curé de Saint-Denis Chef de Caux,
poste qu'il occupait notamment en 1532; il fit
son testament en l'année 1548 devant le curé de
Bléville.

Robert du Vœsin et Jeanne d'Esmalleville
eurent de leur mariage : Guyon du Vœsin, mineur en 1532, et sous la tutelle de M. Philippe
du Vœsin, son oncle; ce Guyon du Vœsin intenta
un procès à la ville Françoise-de-Grâce, au sujet
des sources du Chef de Caux; il épousa Marie
de Bec d'Asne, dont il eut un fils, Nicolas du
Vœsin, né à Saint-Denis Chef de Caux en 1554,
et qui vivait encore en 1594. Messire Guyon du
Vœsin eut l'honneur d'héberger pendant quelques
heures, dans son château de Vitenval, en 1563,
la reine Catherine de Médecis et le roi Charles IX.

Il eut pour descendant : Daniel du Vœsin,
mort dans l'exercice de la religion protestante,
avec le grade de major-général des troupes fran-
çaises entretenues pour le roi en Hollande. M. de
Vitenval, en sa qualité de religionnaire, protégeait
les ministres de la Réforme en leur donnant asile

avant l'Edit de Nantes. C'est ainsi que, le 29 juillet 1583, l'église réformée du Havre se réunissait sur le fief de Vitenval, dans la partie dépendant de la paroisse d'Octeville.

De son mariage avec Marie de Courcillon, Daniel du Vœsin eut plusieurs filles, entr'autres : Louise ou Anne du Vœsin, qui épousa, en 1638, Jean Le Grand, écuyer, seigneur du Petit-Bosc (1), lieutenant dans la compagnie colonelle du maréchal de Chastillon, entretenu pour le service du roi en Hollande, et devenu par ce mariage, seigneur de Vitenval.

A partir de la fin du xvıᵉ siècle, le seigneur de Vitenval ne résidait plus à Saint-Denis Chef de Caux; aussi le château est bientôt tombé en ruines, sauf une petite partie qui est restée habitée et subsiste encore. Néanmoins, ce seigneur avait toujours conservé ses prérogatives et ses privilèges, tant honorifiques que pécuniaires.

Du mariage de Jean Le Grand avec Louise ou Anne du Vœsin, naquit Jacques Le Grand qui eut lui-même plusieurs enfants, dont deux embrassèrent la carrière des armes ; la troisième avait épousé un capitaine du régiment royal, nommé Vimar.

Michel Le Grand du Petit-Bosc, fils de

(1) Hameau dépendant aujourd'hui de la paroisse de Toussaint, près Fécamp.

Jacques, capitaine pour le roi dans le régiment de
Limozin, chevalier de justice dans l'ordre royal
hospitalier et militaire de Notre-Dame-du-Mont-
Carmel et de Saint-Lazare, conserva la seigneurie de Vitenval jusqu'à sa mort, arrivée à Fécamp
le 29 avril 1721, comme l'indique son tombeau
existant encore dans une chapelle de l'église
de Toussaint.

Louis XIV ayant affecté les biens d¹
ciennes léproseries à la dotation de son armée,
Michel Le Grand, écuyer, sieur de Vitenval, avait
obtenu l'ancienne léproserie d'Etretat, le 16
juillet 1679, en récompense de ses services militaires.

Michel Le Grand a laissé pour héritier son
fils unique, né de son mariage avec noble dame
Geneviève-Françoise Le Nouvel, Pierre-Michel
Le Grand du Petit-Bosc, capitaine de dragons
au régiment de la Suze, habitant ordinairement à
Fécamp, paroisse Saint-Fromond.

Celui-ci a démembré la seigneurie de Vitenval, en aliénant d'abord tout le manoir seigneurial et les terres qui en dépendaient. Cette aliéna-
tion eut lieu devant les notaires du Havre, Dorey
et Costé, le 11 mars 1744, en faveur de Jacques
de Longuemare, bourgeois du Havre.

M. Le Grand se réservait le fief et la seigneurie, ainsi que tous les droits honorifiques et
pécuniaires ; il ne cédait, en un mot, que les

terres et le manoir, moyennant 10,000 livres, plus
une rente seigneuriale de 40 sols par an. C'était
un beau denier, avec les droits qu'il conservait.
On lit dans l'acte de vente : « Le seigneur de
« Vitenval se réserve le dit fief et seigneurie qui
« est un demi-fief de haubert, dont le chef mois
« est assis en la dite paroisse de Saint-Denis Chef
« de Caux et Octeville, et s'étend sur les dites
« paroisses et environs, consistant en domaine
« fieffé et le droit de colombier à pied, de moulin
« à vent et à eau, baonniers qui n'existent plus
« présentement et que le dit seigneur vendeur se
« réserve de faire établir sur autres terres qu'il
« pourra avoir dans la suite sur les dépendances
« de son fief.

　　« Se réserve le droit de tor et ver, droit de
« présenter aux bénéfice et cure, hommages et
« 18 rentes seigneuriales en argent, s'élevant à 73
« livres, les redevances en blé et autres choses,
« corvées, reliefs, treizièmes. »

　　Pierre-Michel Le Grand conserva la seigneurie de Saint-Denis Chef de Caux dans ces conditions, jusque vers l'année 1775, époque où il la
transféra à messire Lestorey de Boulongne, négociant au Havre.

　　Cette dernière famille était originaire du
pays d'Auge. Messire Jacques Lestorey, sieur de
Boulongne, né à Honfleur en 1696, était seigneur
d'Angerville-en-Auge ; il vint s'établir au Havre

où il devint un des notables négociants et occupa les fonctions d'échevin, d'administrateur de l'Hôpital et de trésorier de Notre-Dame. Il possédait une ferme sur le plateau de la Hève, acquise de messire Jean de Bony, seigneur de la Roche, où il séjournait quelquefois (1). Son fils, Pierre-Jacques Lestorey de Boulongne, acheta de Pierre-Michel Le Grand la seigneurie de Vitenval, et fut le dernier titulaire de ce fief supprimé par la Révolution de 1789.

M. Pierre-Jacques Lestorey de Boulongne tenait, en 1777, les *plaids* de sa seigneurie dans la ferme appartenant depuis longtemps à son père.

M. Nicolas Pinel, licencié ès-lois, avocat aux sièges royaux du Havre, était alors sénéchal de la seigneurie. En 1789, il était remplacé par Jacques Bunel, aussi licencié ès-lois, avocat et lieutenant criminel de l'amirauté du Havre.

Le dernier seigneur de Sainte-Adresse et son père, considérés comme suspects par le gouvernement révolutionnaire, furent incarcérés en 1793, avec MM. Foache, Begouen, Grégoire, Christinat et autres, d'abord à l'intendance du Havre, jusqu'au mois de mars 1794, et ensuite dans le château de Nointot, avec beaucoup de citoyens notables

(1) Il mourut au Havre, le 20 juin 1780, et fut inhumé dans le cimetière de Saint-Michel.

du Havre ; ils n'ont été mis en liberté qu'au mois
d'octobre 1794, et encore avec défense de résider
en ville, à cause de leur noblesse ; on leur enjoi-
gnit, au contraire, de rester à la campagne.

Après avoir suivi la généalogie des seigneurs
de Vitenval, nous rechercherons l'importance de
leur château et la nature de leurs privilèges que
nous avons seulement énumérés.

M. Sismondi, dans son histoire de France,
nous apprend que sous le roi Louis-le-Bègue,
c'est-à-dire pendant la deuxième moitié du IXᵉ siècle, les seigneurs obtinrent la permission de se
fortifier et ils en profitèrent presque partout.

Des châteaux s'élevèrent alors par milliers
autour de la forteresse du comte ou du chef de la
province, ce qui est déjà une présomption en
faveur de l'existence d'un château-fort au Chef
de Caux.

M. de Caumont, qui a étudié l'archéologie
militaire avec tant de fruit, et dont l'ouvrage fait
autorité, nous indique la disposition de ces châteaux, aux Xᵉ et XIᵉ siècles. Ils se composaient de
deux parties : la cour basse, de forme circulaire,
et la seconde enceinte renfermant une tour ou
donjon.

La cour basse présentait une superficie d'environ une acre ; elle était entourée d'un fossé
creux, d'une palissade en bois ou d'une enceinte

en pierre. Au XIIIe siècle et plus tard, on préféra la forme carrée.

Or, il existe à Sainte-Adresse, sur le côté ouest de la rue de Vitenval, anciennement *chemin du Roy,* une ferme appelée aujourd'hui : *ferme de Vitenval.* On voit encore dans la cour de cette ferme, une partie de fossé en creux, formant à peu près un quart de cercle, bordé de saules et de peupliers. D'après le dire des propriétaires actuels, ces fossés composaient, il y a peu d'années, une enceinte circulaire qui isolait la maison d'habitation du reste de la cour. Cette enceinte pourrait bien être le reste de la cour basse ovale de l'ancien château seigneurial de Vitenval, qui aurait ainsi une origine fort ancienne.

On pourrait objecter qu'à toutes les époques du moyen-âge, on choisissait de préférence, pour bâtir des châteaux, les caps ou promontoires formés par deux vallées, les positions élevées. Il paraît imprudent, en effet, de placer une forteresse exposée dans un vallon à la vue de l'ennemi. Nous ne contestons pas ces préventions ; mais un document officiel confirme l'existence d'une maison fortifiée au Chef de Caux.

Ce petit castel, sans doute mal gardé et mal défendu, servait souvent de retraite aux ennemis de la France, qui, maîtres sur ce point, faisaient des excursions dans le pays voisin qu'ils ravageaient à plaisir. En 1356, les Anglais, en

possession de la ville d'Honfleur, pouvaient à chaque marée mettre pied à terre sur les rivages de
Leure ou du Chef de Caux. En 1359, ils avaient,
en effet, débarqué sur ces rivages et inquiété
la ville d'Harfleur. Alors, les officiers de cette
ville prirent une résolution énergique pour ôter
tout abri ou refuge aux ennemis, ils firent abattre
la chapelle de Notre-Dame-de-la-Fontaine, une
partie du château et le fort d'Orcher, le prieuré
de Graville et *arraser les fossés du manoir
Robert de Vistenval, abattre la porte d'icelui
manoir, afin que aucuns enbuschements ou siéges
ne se peussent faire près de la dite ville d'Harfleur* (1).

Puis, craignant que cette mesure radicale ne
leur suscitât quelques revendications de la part des
propriétaires expropriés, les habitants d'Harfleur
adressèrent une supplique au duc de Normandie
et Dalphin du Viennois, pour obtenir une sorte
d'approbation aux mesures de sûreté qu'ils avaient
prises. Leur conduite, dans cette circonstance, fut
entièrement approuvée, et le duc de Normandie
déclara les absoudre. « Voulant que eulx ou
« aulcuns d'eulx en soient ou puissent estre pour-
« suiz ou approuchiez orez ne ou temps avenir en
« aucune manière. »

(1) Charte de décembre 1360. Trésor des Chartes.
reg. IIII xx VII, cité par M. de Fréville.

On retrouve une autre preuve de l'existence d'un château-fort de Vitenval dans cette circonstance que ce seigneur avait sur son fief, le droit de *motte, maison forte à pont levis entourée d'eau,* aux termes d'un aveu au roi, donné le 22 octobre 1554, par Guyon du Vœsin, seigneur de Vitenval, et d'une déclaration passée précédemment, c'est-à-dire en 1539, par M. Philippe du Vœsin, tuteur du même Guyon du Vœsin.

Le droit de *motte,* suivant Houard, dû à certaines seigneuries, consistait dans l'obligation pour les vassaux de curer les fossés d'un château fortifié ; on l'appelait quelquefois hérissonnage, parce qu'il était d'usage d'hérisser les fossés des maisons fortes. Mais Henri IV, en 1595, et Louis XIII, en 1629, avaient anéanti ces corvées.

Le pont-levis a certainement existé dans la ferme de Vitenval. Des personnes dignes de foi assurent qu'on le voyait encore, il y a 80 ans, près de la barrière.

Il y a donc eu, dans le fief de Vitenval, un petit château-fort; son emplacement, dans le vallon de Sainte-Adresse, ne peut être douteux en présence des documents suivants :

La cour ou masure de la ferme de Vitenval était désignée, autrefois, sous le nom de *Cour du Château,* En 1744, notamment, elle avait été comprise dans la terre de Vitenval, vendue par

Pierre-Michel Le Grand, seigneur de ce lieu, à M. de Longuemare. Le contrat de vente la décrit ainsi :

« La première pièce, appelée *le château*, « consiste en cour-masure, logée et plantée, cotiè- « res, prairies, labours, joncs-marins, contient « 7 acres 3 vergées, et bornée, d'un côté, le *che- « min qui tend du dit château* au Havre (rue de « Vitenval), d'un bout (nord), la sente tendant au « Foyer de Guerre (la Hève), passant *entre le « dit château* et les enfants Morel, représentant « Devarieux qui avait acquis du s^r du Croq, de « Biville (1), d'un bout (sud), les représentants « Jean Le Sueur et autres, et un chemin qui tend « aussi au Foyer de Guerre et auquel côté il y a « hache (rue des Phares). »

Cette désignation est conforme à celle donnée dans un aveu de 1762 à Pierre-Michel Le Grand, seigneur de Vitenval, par les repré- sentants Longuemare. Voici l'extrait littéral de cet aveu :

« La première pièce, contenant en réalité 13 acres et non 7 , appelée le *Château de Vitenval*, consistant en masure close de fossés, plantée d'arbres, logée d'une *maison manante*,

___

(1) Aujourd'hui Mme veuve Berryer. Cette sente est connue aussi sous le nom de sente des Hommes d'ar- mes, ce qui indique encore un château-fort voisin.

grange, etc.; jardin côtier, prairie ; bornée : à l'Est, par le chemin du Havre aux fonds d'Ignauval ; d'un côté où il y a hache, Etienne Auzou, représentant Jean Lesueur ; à l'Ouest, messire Jacques Lestorey de Boulongne, père, représentant M. de Bony, et Charles-Daniel Ancel, représentant Jean Lesueur ; au Midi, Noël Gueroult, héritier de Elisabeth Fremont, co-héritière de Jean Lesueur, M. J.-B. Le Maître, bourgeois du Havre, représentant Robert-François Costé, qui représentait Jacques Germain, etc.; au même bout, à cause du manche de ladite hache (*sic*), le chemin vulgairement appelé : chemin de la Cavée, qui tend du hameau des Campagnes ou des Quatre-Fermes à l'église de Sainte-Adresse, et d'autre bout, au Nord, Marie-Jeanne Morel, Marie-Charlotte Morel et M. Denis Lesueur, greffier de l'amirauté, ayant épousé Marie-Anne Morel, pour leur masure et taillis, une sente entre deux tendant de la chapelle de la soubretonne au hameau des Campagnes et au foyer de guerre de la Hève. »

Si nous insistons sur ces détails en apparence puériles, c'est afin de fixer l'emplacement de l'ancien *château de Vitenval* et de démontrer qu'il s'agit d'une *gentilhommière*, d'une *maison de gentilhomme* comme on l'appelait au xvie siècle (1).

(1) *Discours au vray de la Réduction du Havre.* 1563.

Tous les titres sont unanimes à ce sujet.

Dans le contrat de revente faite par les héritiers de Longuemare à M. Thibault, passé devant les notaires du Havre, le 1er décembre 1785, la même cour est appelée le *Château de Vitenval*. Enfin, dans un aveu délivré le 7 mars 1789, elle est encore désignée sous le même titre.

Que reste-t-il maintenant de cette habitation seigneuriale qui eut l'insigne honneur d'abriter sous son toit un roi, Charles IX; une reine, Catherine de Médicis, et peut-être le fondateur du Havre, François I er?... Bien peu de chose en vérité, une modeste habitation qualifiée au siècle dernier de *maison manante*, en opposition avec sa splendeur passée.

Ce petit édifice, seul vestige encore debout de l'ancien *château*, a une bien médiocre apparence : Les murailles sont formées de soubassements en silex noirs posés en damier, reliés par des piliers en grès; au-dessus, un colombage supporte une toiture en tuiles.

La porte d'entrée est surmontée d'un cintre surbaissé, orné d'un bouquet de fleurs sculptées. Des armoiries y ont existé, mais elles sont effacées aujourd'hui. On remarque à l'intérieur, tout près de la porte, quelques solives peintes et décorées. La cheminée intérieure paraît être de la fin du XVIe siècle ; elle se compose de deux colonnettes

avec chapiteaux sculptés. Les parois de la cheminée, au-dessus du toit, sont composées de tuiles
posées à plat, en arêtes, comme à Réaulté (maison
du XVIᵉ siècle).

La muraille Nord est moderne. Evidemment,
cette habitation de dimension restreinte n'était
pas le *château* de Vitenval, mais ses armoiries, sa cheminée, ses décorations indiquent une
dépendance. Suivant nous, le surplus du cha-
teau s'étendait vers le Nord, dans un terrain où
les propriétaires actuels, en défrichant le sol, ont
recueilli des fragments de pierre de taille, de
bittes, une quantité de briques plates, signe
incontestable d'antiquité ; une borne en grès
semblable à celles qui se trouvent dans les murailles de la maison. Un monceau de ces débris,
où nous avons remarqué une barre de fer incrus-
tée dans une pierre, atteste la vérité de ce fait. La
matière presque brute d'une partie de ces matériaux indique bien un castel fortifié.

Ce château était encore occupé dans la
deuxième moitié du XVIᵉ siècle. A cette époque,
il passa aux mains des Le Grand, qui n'habitèrent
plus Sainte-Adresse, mais à quinze lieues de là ;
d'un autre côté, leur métier de soldat ne leur
permettait guère de s'occuper du château de Vitenval qui se trouva ruiné ; on ne conserva qu'une
partie des constructions pour le logement du

fermier qui, depuis, a exploité l'ancien domaine seigneurial.

Nous avons dit que ce domaine avait été vendu en 1744 à un bourgeois du Havre; sa famille a conservé cette propriété jusqu'au 1er décembre 1785, époque où elle passa aux mains de M. Pierre-Michel Thibault, architecte et entrepreneur des ouvrages du Roi, demeurant au Havre.

M. Thibault avait construit les phares en 1775 et les fortifications du Havre en 1787. On lui attribue aussi la construction du pavillon de Montebello, au Nord de la ferme de Vitenval, et dont la rotonde est assez remarquable (1). Il voulut embellir ou plutôt restituer au domaine de Vitenval un caractère architectural qui lui fait absolument défaut. C'est pourquoi il fit construire, le long de la Cavée ou rue des Phares, un mur avec portiques. Cette muraille est terminée, à l'Ouest, par un très-joli pavillon circulaire, aujourd'hui fort délabré et abandonné, élevé sur des souterrains que l'on appelle la « *Solitude.* »

Cette construction tombe en ruines ; néanmoins, on apprécie encore le bon goût de l'architecte qui l'a conçue. La fortune de celui-ci paraît avoir pâli considérablement sous la première

(1) Ce pavillon, qui a appartenu à M. Mazeline, est aujourd'hui la propriété de M. et Mme Cody.

Révolution ; il mourut le 20 avril 1799, laissant une succession fort embarrassée. Par suite de cet évènement, la ferme de Vitenval passa aux mains de M. J.-B.-François Le Chevallier, capitaine de navires, puis en celles de M. Guillaume-Félix Lemonnier, tuilier et briquetier à Ingouville. Elle appartint ensuite à M. Ursin-Guillaume Lemonnier, aussi tuilier et briquetier à Sainte-Adresse. La famille Lemonnier possède encore aujourd'hui cette propriété.

L'aspect de ce petit domaine a bien changé depuis trois siècles et il changera encore si les terres viennent à être morcelées en petites parcelles, comme cela est probable. Plus de trace du colombier féodal qui existait en Normandie dans chaque fief, mais dont la roture était privée. Plus de traces non plus de ce moulin seigneurial qui a subi tant de variations et de viscissitudes. Plus de traces de ces quatre-vingts lavoirs qui existaient dans l'enclos du manoir seigneurial, alimentés par des sources abondantes, dont la ville du Havre a profité considérablement. C'est à peine si l'on suit encore le tracé des fossés qui protégeaient le seigneur contre les attaques des brigands, si communes sous l'invasion anglaise ou pendant nos guerres de religion. Presque tout a disparu avec le souvenir des anciennes coutumes, des privilèges féodaux qui sont si curieux

à rappeler, mais si peu à regretter, disons-le tout
de suite.

Avant de les mentionner, nous dirons avec
M. Guizot (1) que c'est une grande erreur de
juger une institution d'après les résultats qu'elle a
amenés au bout de plusieurs siècles, d'approuver
ou de condamner ce qu'elle était et ce qu'elle a
fait dans le temps où elle est née, d'après ce qu'elle
est devenue, ce qu'elle a produit plus tard. L'histoire du monde n'offre aucun pouvoir, aucun système social qui soit en état de supporter une telle
épreuve et puisse accepter la responsabilité d'un si
long avenir; il n'a point été donné aux hommes
d'agir d'une façon si pure et avec tant de pré-
voyance que ce qu'ils font aujourd'hui pour que le
bien n'enfante jamais un mal. Dans leurs plus ver-
tueuses intentions, dans leurs plus habiles travaux, ils sont loin de suffire aux nécessités de
leur époque; comment exiger qu'ils ne fassent
rien qui ne convienne aussi à leurs plus lointains
successeurs ? Comment leur imputer ce que de-
viennent des œuvres depuis si longtemps échappées
de leurs mains? Transportés ainsi dans le passé,
l'expérience nous trompe au lieu de nous éclairer ; elle nous préoccupe de besoins, d'intérêts, de
maux que le passé ne soupçonnait pas, et nous

(1) *Essai sur l'Histoire de France.*

empêche de reconnaître quels étaient vraiment les siens.

Voici quelques documents qui nous éclaireront sur la nature et l'étendue des droits seigneuriaux attachés au fief de Vitenval. On lit dans un registre de l'an 1503, f° 33, que Jean du Vœsin, écuyer, affirme tenir du roi un demi-fief assis à Saint-Denis Chef de Caux et s'étendant à *Bléville*. Dans un registre de 1539, f° 16, Philippe du Vœsin, tuteur de son neveu, baille déclaration de son fief par un *demi-fief* assis au Chef de Caux et s'étendant à *Octeville*. D'après un aveu du mois d'octobre 1544, Guillaume ou Guyon du Vœsin reconnaît tenir du roi un fief, dont le chef est assis dans la paroisse de *Saint-Denis du Chef de Caux*, mouvant du vicomte de Montivilliers (1). Et le 22 octobre 1554, Guyon du Vœsin baille aveu au roi d'un demi-fief assis à Saint-Denis Chef de Caux et s'étendant à *Octeville*.

La seigneurie de Vitenval s'étendait donc le long du littoral, du Sud au Nord, jusqu'à Octeville; mais son siège, c'est-à-dire la résidence du seigneur était à *Saint-Denis du Chef de Caux*. Si l'on se représente l'espace de terrain qui est tombé des falaises depuis huit siècles, on reconnaît que cette seigneurie avait une étendue considérable au moment où elle a été établie. Sa limite, à l'Est,

(1) *Archives Nationales*, page 288', cote 365.

longeait le petit cours d'eau partant du manoir
seigneurial et descendant jusqu'à la mer. Toute
la moitié du côté Ouest du vallon de Sainte-
Adresse dépendait entièrement du seigneur de
Vitenval; l'autre moitié, du côté opposé, relevait
de la seigneurie de Graville, depuis la mer jusqu'à
la soubretonne. Enfin, la famille du Vœsin possédait, aux xvᵉ et xvⁱᵉ siècles, un huitième de fief
dit le fief Caillot. La délimitation des seigneuries
de Vitenval et de Graville est clairement indiquée
dans une enquête faite en 1532 où il est dit : que
depuis la place du Hoc *jusqu'à un ruisseau qui
départ la seigneurie de Graville et la seigneurie de Vitenval*, ledit seigneur de Graville
a droit de *eauye*.

D'après la déclaration faite en 1539, le
fief de Vitental avait droit, indépendamment de la
Forte-Motte et Pont-de-Bois dont nous avons
parlé, « au patronage alternatif sur le bénéfice-
« cure de la paroisse de Saint-Denis Chef de
« Caux, avec les souzagés du sieur de Graville,
« et il avait une valeur, communes années, de 100
« livres de rente. »

D'après l'aveu de 1554, le même fief de
Vitenval avait droit aussi : au patronage à la cure
de Saint-Denis, à forte-maison à pont-levis, close
« d'eau, colombier à pied et cent acres de domaine,
« droit de garenne, coutumes gaives (toutes
« choses que l'eau jette à terre par tourmente et

« fortune de mer), estaliers, moulins à eau et à
« vent, banais (banaux), droit de varech. Le
« revenu du domaine fieffé était de 40 livres. »

Chacun de ces privilèges mérite une description particulière qui, en même temps, nous fera
connaître la condition des habitants du Chef de
Caux, avant la Révolution de 1789.

La coutume de Normandie réservait aux
seigneurs le droit de construire et de posséder des
moulins sur leurs fiefs respectifs. Le moulin était
une dépendance de la seigneurie et les roturiers
n'avaient pas le droit d'en exploiter d'autres, à
moins de concession expresse, ce qui avait eu
lieu à Saint-Adresse, où M. Deshays, avocat au
Havre, possédait, en 1612, le moulin dit de Saint-
Denis.

Par le droit de *banalité* dû au seigneur, les
habitants du fief étaient obligés de faire moudre
leur blé au moulin seigneurial, dans un rayon de
deux lieues seulement. La raison de cet assujet-
tissement venait de ce que le seigneur ayant, dès
l'origine, fait les frais d'établissement, devait être
indemnisé par une sorte de monopole.

Le moulin de Vitenval était alimenté par des
sources sortant du coteau voisin, d'après un aveu
du 21 décembre 1616, délivré à cette seigneurie,
pour une masure située à l'Est de la cour du
château, « assise en la paroisse de Saint-Denis
« Chef de Caux, *près la fontaine qui descend*

« *au manoir de Monseigneur de Vitenval.* »
Ces eaux alimentaient quatre-vingts lavoirs qui
se trouvaient dans la cour du château, avant
la fin du xviie siècle, ainsi que le constate une
requête présentée au subdélégué de l'Intendance,
le 22 octobre 1686.

Le droit de *garenne* était aussi une dépendance du fief, et nul ne pouvait en établir d'autres
sans l'autorisation du seigneur. Les *coutumes*
étaient des redevances envers le seigneur sur les
denrées pénétrant dans les villes ou bourgs, ce
qui semble indiquer qu'autrefois, avant le xvi^e
siècle, le Chef de Caux était un bourg fermé.
Nous avons rappelé, en outre, qu'il existait, en
1421, un office de fermier *de la marchandise* au
Chef de Caux.

Quant au droit de *patronage*, il nécessite
quelques explications.

On trouve dans les Capitulaires des anciens
Rois (1), que les églises avaient des seigneurs
auxquels les curés devaient les honneurs ; ces seigneurs avaient bâti et doté sur leurs terres les
églises paroissiales. L'évêque proposait des prêtres pour administrer ces églises ; mais ordinairement, les seigneurs ou patrons les lui présentaient.

Le fondateur-patron était le vrai propriétaire

(1) Houard : *Dictionnaire de Droit Normand*, 1780.

de l'église ; il devait la défendre, conserver ses biens, les entretenir à ses dépens lorsque les biens du curé ou de la fabrique étaient insuffisants.

Nous avons rappelé un exemple de ce genre, lorsqu'en 1373, la mer ayant englouti l'église du Chef de Caux, le seigneur fit don d'un nouvel emplacement pour la reconstruire et rétablir le cimetière qui l'environnait. Un autre fait à peu près semblable se présenta en 1616, M. Pierre Hervieu, curé de la paroisse, ayant réclamé à ses paroissiens la construction d'un nouveau presbytère, ceux-ci s'adressèrent aux seigneurs de Vitenval et de Graville, patrons alternatifs de l'église. Ils obtinrent, par sentence rendue au baillage du Havre, le 27 juin 1616, l'autorisation de construire le presbytère sur la moitié du terrain donné en 1373, par le seigneur de Vitenval, mais à la charge de continuer une rente seigneuriale de 6 livres. Quant aux frais de construction se montant à 500 livres, ils furent levés sur tous les habitants.

Le droit de patronage se donnait en fief et pouvait être partagé entre héritiers ou subsister en commun, il se vendait ou se donnait gratuitement, il faisait partie de l'héritage du patron, et les femmes avaient le droit de le posséder.

Ce droit, pour l'église de Saint-Denis Chef de Caux, était alternatif entre le seigneur de Vitenval et le marquis de Graville, c'est-à-dire qu'ils

présentaient à la cure une fois sur deux. L'archevêché prétendit aussi avoir ce privilège dès la
fin du XIIIe siècle, et il souleva plusieurs procès à
des intervalles fort longs et sans qu'il soit advenu
de sentence définitive ; on se contentait toujours
de transactions.

C'est ainsi qu'en 1337, une contestation s'engagea entre l'archevêché de Rouen et Jean Malet,
sire de Graville, comme ayant la garde noble de
Robert de Noirepel, sieur de Vitenval. Les parties
avaient consenti à l'institution à la cure de Saint-
Denis du *Quief de Caux*, de Me Guillaume de
Saquentot ; celui-ci mourut en possession du bénéfice, et sa mort donna lieu à la reprise du procès
entre l'archevêque et Robert de Noirepel.

En 1398, nouvelle difficulté sur le même
sujet, entre le roi, ayant la garde noble de Robert
de Noirepel, Guy Malet, sire de Graville, et l'archevêque de Rouen, Guillaume de Vienne. Un
accord intervint en attendant un jugement. Me
Jean Puy, bachelier ès-lois, fut présenté à la cure,
le 11 mai 1398.

L'année suivante, Jean Puy avait résigné ses
fonctions en faveur de Gabriel Brout, maître
ès-arts, qui fut agréé par l'archevêché et par Guy
Malet, sur la recommandation de M. Imbert de
Boyssi, Président au Parlement de Paris, le 11
juin 1399.

Gabriel Brout étant mort en 1415, Jean

Bouté, écolier étudiant à Paris, avait été aussitôt présenté à la cure, par Pierre Le Marchant, sieur de Vitenval ; cette présentation n'eut pas d'effet par suite de la confiscation du fief au profit d'un sujet anglais.

Une autre contestation fut soulevée en 1419, c'est-à-dire pendant l'occupation anglaise par le nouveau seigneur de Vitenval, Jean Wychefort ou Bichefort. Cette fois encore l'affaire s'était arrêtée par transaction ; Wychefort fit présenter Richard Bouet à la cure, le 22 octobre 1419.

Nouveau procès quelques années après, entre le seigneur anglais, Louis de Robessart, sieur de Graville, et l'archevêque de Rouen ; on consentit, le 26 juin 1425, à la permutation entre Richard Bouet, curé de Saint-Denis du Quief de Caux, et Simon Davy, curé de Bourdigny.

A partir du XVIe siècle, le patronage resta sans difficultés, alternatif entre le sire de Graville et le seigneur de Vitenval. Mais il ne faut pas dire avec un historien moderne, qu'au commencement du XVIIIe siècle, Haubert de Vitenval eut le droit absolu de patronage ; on sait que Vitenval était un fief de Haubert, et qu'il n'y a jamais eu, au XVIIIe siècle, un seigneur du nom de Haubert de Vitenval.

Le patron avait le droit d'imposer quelqu'un de son *lignage*, de sa famille pour occuper la cure de préférence à tous autres. C'est ce qui explique pourquoi Sainte-Adresse eut des curés appartenant aux familles nobles du Pays de Caux, et même un membre de la famille de Vitenval. Si le patron tombait dans l'indigence, lui et ses enfants avaient le droit de se faire nourrir sur les biens composant le bénéfice s'ils étaient suffisants.

Le patronage conférait plusieurs droits honorifiques, notamment les recommandations aux prières publiques, la présidence dans les assemblées de la fabrique de l'église, la préséance dans les bancs et les processions, l'offrande, l'encens, les litres et les ceintures funèbres autour de l'église.

De même que, sous les Romains, on écrivait sur les dyptiques les noms des magistrats qui avaient bien servi la République, de même, sous l'ancienne monarchie, on inscrivait sur les registres des églises les noms des bienfaiteurs qui étaient proclamés au prône chaque dimanche (1).

Le patron avait la présidence aux assemblées de la fabrique, qui étaient composées, dans les campagnes, du curé, des anciens et des nouveaux marguilliers. Il jouissait du premier banc dans le chœur de l'église ou de la meilleure place dans la

_____

(1) Cet usage existe encore dans quelques églises de la Picardie.

nef. Il avait la préséance dans les processions, lui et sa famille, d'autant plus que la bannière seigneuriale précédait souvent le cortège dans les cérémonies religieuses.

Le seigneur-patron avait droit de sépulture dans l'église. L'usage des litres ou ceintures funèbres venait de ce que les patrons, au moment de de la dédicace des temples qu'ils avaient fait élever, faisaient hommage à Dieu de ce qu'ils avaient de plus précieux. Les armoiries des aïeux du patron étaient exposées dans l'église, à l'intérieur ou à l'extérieur (1); on les rangeait à la suite, de manière à en former une *liste* ou litre. Plus tard, les armoiries ont été peintes sur les murailles des églises pour y rester à perpétuité.

Les seigneurs de Vitenval avaient des armoiries particulières, mais on ne les connaît pas exactement. Celles qui existaient sur la porte de l'habitation seigneuriale ont été effacées depuis la Révolution de 1789.

Les redevances seigneuriales étaient quelquefois plus curieuses qu'onéreuses. En voici un exemple : Un aveu de 1616 mentionne comme redevance en faveur du seigneur de Vitenval pour deux acres de terre et cour, 5 sols et un chapon de beccage chaque année. Un autre aveu de 1755 contient, pour 10 acres environ, une rente

_____

(1) Voir le clocher de l'église de Bléville.

de 31 sols 6 deniers, 4 chapons, 4 deniers de beccage, une poule et une douzaine d'uitres *(sic)*. Ces redevances n'ont pas été supprimées entièrement. De nos jours, on les retrouve très-souvent au profit du propriétaire dans les baux de fermes.

Avant de clore ce chapitre, nous ajouterons quelques mots sur une partie de fief située à Sainte-Adresse et possédée par le seigneur de Vitenval au xvie siècle. Ce fief minuscule paraît avoir été réuni dans la suite au fief de Vitenval.

En 1503, Jean du Vœsin, écuyer, affirme tenir du sieur de Graville, à cause de sa femme, damoiselle Françoise Godart : « un *sixième* de « fief, nommé le fief Caillot, assis à Saint-Denis « Chef de Caux.

En 1539, Philippe du Vœsin, tuteur de son neveu, « déclare tenir de la seigneurie de Graville, « un petit fief nommé Caillot, qui se relève par un « *huitième* et vaut 100 sols de rente, années « communes. »

Cette partie de fief était probablement située sur le versant *Est* du vallon de Sainte-Adresse, dépendant de la seigneurie de Graville.

CHAPITRE VI

DU XVIᵉ SIÈCLE A LA RÉVOLUTION DE 1789

Nous avons interrompu l'ordre chronologique à la fin du xvᵉ siècle, pour nous occuper de l'organisation féodale; reprenons le cours des évènements principaux de notre

10

histoire, dont le premier et plus important est sans contredit la fondation du Havre ; car dès ce moment, l'histoire de la nouvelle cité et celle de Sainte-Adresse se lient par des faits communs. Tout d'abord, le cap du Chef de Caux est le protecteur du nouveau port ; puis il devient son ennemi, et l'on prétend même qu'il causa sa ruine. Ce sont les premiers habitants du Havre qui ont adopté les noms de Sainte-Adresse et de la Hève pour désigner le village et le cap.

Lorsque l'on voulut réunir des ouvriers pour construire le Havre, il fallut commencer par amener à leur portée l'eau douce provenant des sources de Vitenval. L'adjudication des travaux eut lieu en février 1517, et le 5 novembre suivant, Jacques d'Estimauville alla à Tours, présenter au roi le plan des fortifications du Havre et d'une *fontaine à eau douce que le roi voulait faire venir par tuyaux et autres industries du lieu de Vitenval, près le Chief de Caux, audit Havre.* Ce sont les termes du mandat de paiement délivré à **M.** d'Estimauville, le 15 mai 1518 (1).

Le 5 janvier 1518, le marché suivant a été passé devant les tabellions d'Honnefleu : « Noble « homme, messire Guyon Le Roy, chevalier

____

(1) *Archives Nationales*, K. 81, n⁰ 27, cité par M. S. de Merval.

« Sr du Chillou, fait marché au roi de faire
« faire, construire et édifier, rendre toute prête
« dans le mois d'août 1518, une *fontaine dont*
« *la source sort de present de la côte du Chief*
« *de Caulx, d'un lieu nommé Vitenval, passant*
« *le long et joignant l'église de Notre-Dame de*
« *Ste-Adresse* jusqu'au lieu du Havre de Grâce
« où il peut avoir de distance une lieue du pays.

  « Et par ce present marché sera le dit
« Chillou sujet à faire chercher jusqu'à la vive
« raucq (roc) icelle fontaine tant et si avant dans
« le raucq dont elle part qui sera besoin et au lieu
« d'icelle vive source fera faire une clôture de
« bonne et dure pierre de taille qui aura de creux
« 5 à 6 pieds en tous sens et 3 pieds d'épaisseur,
« en forme de citerne, pour recueillir et assem-
« bler les eaux en un seul lieu, afin de rendre
« le cours d'icelle fontaine plus fort et puissant.
« Il fera aussi les tranchées pour arriver au
« Havre, fournira des tuyaux de terre, sur chaux
« et ciment, et de place en place 30 cuves en
« pierre couvertes pour reconnaître les interrup-
« tions des eaux ; et au Havre, une belle et
« somptueuse estanfiche de bonne pierre de Ver-
« non aux armes de France, avec un beau bassin.
« Le tout moyennant 3,000 livres tournois (1). »

(1) *Documents sur la Fondation du Havre.* Société
de l'*Histoire de Normandie.* 1876.

Cette entreprise a été achevée en septembre 1518, et les travaux reçus par Michel Feray, *maître machon* du port de Grâce; Pierre de Lorme, maître des œuvres de maçonnerie au bailliage de Rouen, et Jean Dechamps, maître machon à Rouen. En outre, d'après M. Borely (1), on construisit en 1541 une fontaine dite de l'Espine, sur la limite du territoire de Sainte-Adresse. On désignait, au xvie siècle, sous le nom de l'épine de Sanvic, l'épi du boulevard de Strasbourg, et la fontaine aurait été bâtie à cet endroit.

Cependant, les sources de Vitenval étaient jusqu'alors utilisées par le seigneur pour son moulin. Par suite de cette prise, les eaux avaient diminué et les aubes du moulin ne pouvaient plus tourner.

En 1549, le seigneur de Vitenval avait intenté un procès aux habitants du Havre pour obtenir la réparation du préjudice qui lui était causé par la suppression de son moulin. Aux termes d'une sentence rendue au bailliage de Montivilliers, le 14 octobre 1549, la ville fut condamnée à payer au seigneur de Vitenval 300 écus à titre de dommages-intérêts. Plus tard,

(1) *Histoire du Havre*, livre Ier.

c'est-à-dire en 1554, rapporte M. Gosselin (1), on acheta les eaux de Sainte-Adresse pour alimenter les *viviers* et fontaines du Havre.

L'emplacement de ce moulin serait difficile à retrouver, car il n'en reste plus aucune trace ; il en existait un autre à proximité de l'église, vers la mer. On lit dans un contrat du 16 juillet 1612, que Jean Deshays, avocat au Havre, fieffe à Abraham Lesueur, *un moulin dit de Saint-Denis*. Le même Jean Dehays possédait, en 1637, une prairie touchant *aux viviers du moulin à eau*, sur le chemin du Havre à la falaise. Et dans un contrat de vente du 22 mars 1645 : La maison vicariale était bornée par le presbytère, le *ruisseau du moulin à eau* et le chemin du roi. La même propriété est désignée, le 5 novembre 1651, comme étant bornée par le *ruisseau de la fontaine de Vitenval tendant au moulin à eau* de la paroisse de Saint-Denis.

Au XVIIe siècle, le seigneur de Vitenval avait réussi à trouver de nouvelles sources pour ses lavoirs et l'usage des habitants. De plus, il avait rétabli un moulin dans la falaise, sur le bord de la mer.

Tout alla bien jusqu'en 1669 ; mais les

(1) *Documents sur la Marine normande au* XVIe *siècle.* — Extrait des minutes du Tabellionage du Havre.

besoins de la ville du Havre ayant augmenté avec
sa population, on dut de nouveau recourir aux
eaux de Vitenval. Sur l'ordre de Colbert, le frère
Constance, capucin de Fécamp, fut chargé de
prendre encore 14 pouces d'eau aux fontaines de
messire Le Grand, dans l'enclos seigneurial ; ces
eaux furent conduites au Havre, d'après un certificat délivré par le frère Constance, le 23 septembre 1673 (1).

Cette entreprise souleva une réclamation de
la part du seigneur de Vitenval et des habitants
qui adressèrent une supplique au subdélégué de
l'intendance et au roi.

D'après le seigneur de Vitenval, l'entreprise
de Colbert lui avait causé un tort considérable, et
voici un extrait de son mémoire, présenté le
22 octobre 1686 :

« Comme propriétaires de la terre et seigneu-
« rie de Saint-Denis du Chef de Caux, ils pour-
« raient dire qu'il n'y a pas de lieu plus agréable
« et plus profitable, dans les environs de cette
« ville, pour les eaux, ce qui étant rare dans le
« pays, engageait les habitants de cette ville d'y
« acquérir, chose qui donnait beaucoup de trei-
« zièmes (2), en quoi il y a eu grand changement

(1) *Archives municipales du Havre.*

(2) Droits de mutation au profit du seigneur sur les
actes de vente.

« dès l'année 1669 ; car Sa Majesté fit conduire
« les dites eaux en cette ville pour servir aux
« fontaines, si bien que les suppliants ont perdu
« ce droit de treizièmes, personne ne voulant plus
« acquérir en leur paroisse ; perdu aussi le revenu
« de quatre-vingts lavoirs pour la buée (?) qu'ils
« avaient dans l'enclos de leur manoir seigneurial;
« perdu encore le revenu de leur moulin que le
« cours ancien des dites eaux de leurs lavoirs fai-
« sait moudre.

« Le seigneur de Vitenval évaluait ainsi le
« dommage qu'il avait éprouvé :

Perte du revenu des lavoirs ; 200 livres par an, soit pour 13 ans . . . . 2.600 livres

Et un capital de 5,000 livres pour privation dans l'avenir. . . . . . . 5.000 »

Perte du revenu annuel du moulin ; 100 livres, soit pour 13 ans, treize cents livres, ci. . . . . 1.300 »

Plus un capital de 2,500 livres pour indemnité de destruction de ce moulin, situé au bord de la mer, d'après l'attestation du frère Constance (1), ci . . . . 2.500 »

Total . . . . 11.400 livres

Le moulin, resté véritablement sans emploi,

(1) Certificat du 23 septembre 1673. — *Archives municipales du Havre.*

tomba en ruines, aussi M. l'abbé Pleuvri (1) mentionne ce fait : « Sur le penchant de la falaise, « qui est ruinée, on voit quelques restes, que ceux « du pays m'ont dit être, selon la tradition de « leurs pères, des morceaux du moulin de Sainte- « Adresse. »

La fondation du Havre eut d'autres conséquences encore pour notre village qui fut compris dans la juridiction d'un nouveau Grenier à Sel établi en 1517 ; par suite, les habitants du Chef de Caux, qui, jusqu'alors, étaient allés chercher leur sel à Harfleur, se le procurèrent au Havre, aux mêmes conditions (2).

Un siège de bailliage et de vicomté avait été établi au Havre, en 1551. Saint-Denis Chef de Caux, distrait de la juridiction de Montivilliers, fut également compris dans celle du Havre.

Le Havre avait accaparé la navigation qui, jadis, avait fait la célébrité d'Harfleur, de Leure et du Chef de Caux. Les marins du Chef de Caux allèrent dans la nouvelle ville chercher une occupation qui leur manquait. Au commencement du xvi⁰ siècle, François Legrin, notamment, demeurant à Saint-Denis Chef de Caux, commandait la

(1) *Histoire du Havre.* 1760.

(2) La gabelle ou impôt sur le sel consistait dans l'obligation de prendre au grenier une quantité déterminée de sel, au prix fixé par le fisc.

Marie, du port du Havre, armée en guerre, et qui captura deux navires espagnols.

Néanmoins, le Chef de Caux était encore, au milieu du XVIe siècle, accessible aux bateaux d'un tonnage restreint. Guillaume de Marceilles nous apprend que l'on y fit de nouvelles fortifications en 1536 :

« En cette même année, dit-il, lors de la
« guerre avec Charles-Quint et ses Espaignes, et
« qu'il était bruit que ses Flamands prétendaient
« dresser une armée afin de venir en Caux sur-
« prendre la ville du Havre alors mal enclose et
« mal fortifiée, on aurait fait bâtir sur le Perrey,
« près le *Port-aux-Bateaux et Tuileries*, trois
« boulevards de tourbe avec chacun trois canons,
« où les bourgeois et habitants de la ville faisaient
« garde jour et nuit. »

M. Frédéric de Conninck suppose que ce *Port-aux-Bateaux* était situé à peu près en face du châlet de la reine Christine ; une carte du dépôt de la marine nationale semble indiquer ce Port-aux-Bateaux.

Guillaume de Marceilles rapporte « que
« François Ier, voulant faire une descente en
« Angleterre, commença à former une grande
« armée navale qui fut prête au mois de juillet
« 1545, en si grand nombre, que la rade en était
« couverte. Avant son départ, le roi avait fait

« faire une grande et belle feuillée sur le Chef de
« Caux pour s'y rafraîchir, à raison de la grande
« chaleur, et contempler son armée qui était en-
« core en rade.

« Alors arrivèrent quelques navires roberges
« d'Angleterre, *près de la Hève*, lesquels, après
« avoir tiré chacun leur volée de leur artillerie
« par dessus la dite feuillée, se seraient retirés.
« Alors le roi doutant qu'ils ne continuassent à
« tirer et de peur d'inconvénient, tant à lui qu'à
« sa suite, se retira et retourna en ville, et la flotte
« partit mais ne fut d'aucune utilité. »

D'après le même historien, et dans la crainte
des Anglais, le roi fit venir aux environs du
Havre, en 1557, quatre compagnies d'Allemands
du régiment du comte de Rhingrave (1), qui
campèrent à Ingouville, où elles restèrent pendant un an, non sans y causer de grands dommages, de même que dans les autres paroisses
voisines.

Sainte-Adresse fut occupée par une partie de
ces soldats, ainsi que le prouve ce document daté
du 10 mai 1558 (2) :

« En présence de nous, Michel Viard et Jehan

(1) Philippe, comte du Rhin, colonel de Reitres à
la solde du roi de France.

(2) Communiqué par M. A. de Larbre.

« Lecroq, tabellions royaux en la ville Françoise
« de Grâce, noble homme Jacques d'Estimau-
« ville, sieur du lieu et de Grueville, ayant la
« conduite des hommes pour la garde du Chef de
« Caux et radde d'icelui, a confessé avoir reçu
« comptant de Mᵉ Arthur Gasteau, trésorier des
« repparations et fortifications de Normandie,
« par les mains de Marguerin Baron, son commis
« au dict lieu de Grâce, la somme de 17 livres 5
« sols tournois, à lui ordonnée pour son rem-
« bours de pareille somme qu'il a payée et débour-
« sée à plusieurs et diverses personnes, jouxte et
« pour les causes contenues en l'estat et ordon-
« nance de ce portée, en dabte le dix-huitième
« jour de ce présent mois et an. De laquelle
« somme, etc., quittance. En témoins de ce, nous
« avons signé la présente quittance. (Signé)
« Viard et J. Lecroq. »

Le séjour de François Iᵉʳ dans le village du
Chef de Caux, en 1544, n'est pas la seule visite
royale dont l'histoire nous ait conservé le souve-
nir. Vingt ans après, le château du seigneur de
Vitenval abritait pour quelques heures la Cour de
France.

Le Havre était au pouvoir des Anglais, lorsqu'au mois de mai 1563, le maréchal de Brissac
se présenta dans les environs pour reprendre la
ville au nom du roi de France. Logé à Graville,

il surveillait efficacement les mouvements de l'armée assiégeante et de la ville assiégée.

. « Le 21 juillet 1563 (1), le connétable, accom-
« paigné des maréchaux de Montmorency et de
« Bourdillon, de plusieurs seigneurs et chevaliers,
« arriva à 10 heures au prieuré de Graville, puis
« alla loger à *Sainte-Adresse, dans le manoir*
« *d'un gentilhomme nommé Vitenval.* »

Le même jour, la reine d'Angleterre autorisait Warwich, son commandant au Havre, à capituler.

Le 28 juillet, plusieurs gentilshommes anglais étaient allés à la tranchée, près de la Ville, pour traiter de la reddition, puis chez le connétable, c'est-à-dire au château de Vitenval ; peut-être le traité y fut-il signé.

Pendant ce temps, la reine Catherine de Médicis se disposait à quitter Fécamp. Le maréchal de Montmorency s'étant mis en route pour remettre à la reine le traité de reddition, rencontra celle-ci et le roi Charles IX à Criquetot ; le cortège arriva le soir même au manoir de Vitenval, où les religieux de l'Abbaye de Fécamp avaient déjà envoyé des tentures et des tapisseries pour meubler le logement royal. On prétend

(1) *Discours au vray de la Réduction du Havre de Grâce.* Paris, 1563.

que 18 charriots étaient remplis de ces objets et que les habitants de Sainte-Adresse, dépossédés de leurs modestes demeures, les avaient abandonnées aux seigneurs de la suite du roi et campèrent aux environs. Deux tentes, dressées de chaque côté du manoir, renfermaient l'état-major et la gendarmerie (1).

Le séjour de la Cour fut de courte durée ; dès le 1ᵉʳ août, on se remit en route jusqu'à Saint-Romain, où se fit la première station, et ensuite au château de Saint-Maurice-d'Etelan.

Quelques historiens avaient avancé que la Cour avait assisté à la reprise du Havre (2) et avait séjourné longtemps au manoir de Vitenval. Le fait a été considérablement amplifié. M. de Laferrière a publié une correspondance qui prouve, au contraire, le très-court séjour du roi et de la reine mère à Sainte-Adresse. En effet, *Catherine écrit de Fécamp, le 28 juillet*, à l'ambassadeur d'Angleterre, qu'elle reçoit une lettre de lui *au moment où elle était prête à monter à cheval pour aller au camp du Havre.*

M. Chatenay, ambassadeur d'Espagne, en faisant le récit du siège du Havre, ajoute : « La

(1) *Le Havre et son Arrondissement* : Chapitre du Havre, écrit par M. Labutte.

(2) *Le Havre et son Arrondissement* : Chapitre du Havre, écrit par M. Labutte.

« *composition du Havre achevée, la reine y vint*
« *avec toute la Cour et amena le roi loger en*
« *une maison où M. le connétable se tenait du-*
« *rant le siège.* » La peste, qui régnait au Havre,
obligea tout le monde à partir au plus vite. D'ailleurs, le manoir de Vitenval était si peu sûr, que
pendant le séjour du roi, on plaça une *compagnie*
pour faire le guet sur la rive de la mer, afin de
préserver le logis du roi qui était éloigné du
camp (1).

Guillaume de Marceilles nous raconte que
pendant le séjour du roi et de la reine au manoir
de Vitenval, il avait, en sa qualité de procureur
du roi, rassemblé 25 officiers et principaux habitants catholiques du Havre, qui protestèrent de
leur dévouement au roi et à la reine, de peur
d'être compris dans une proscription générale, à la
suite de la reprise de la ville.

Après ces événements extraordinaires, le
calme revint dans la petite paroisse de Sainte-
Adresse, et le château de Vitenval, abandonné de
son possesseur, tomba bientôt en ruines.

De même que Sainte-Adresse avait dû fournir à la ville de François Ier une de ses principales ressources, l'eau douce, le cap de la Hève
devait protéger le port contre les empiètements de
la mer qui menaçait déjà de le combler.

(1) *Discours au vray de la Réduction du Havre.*
1563.

Dès l'année 1518, on avait construit une *jetée vers le Chief de Caux* et, en 1523, on édifiait un mur vers le même endroit, pour éloigner le courant qui rongeait déjà le littoral. Plus tard, on exécuta une série de travaux destinés à conserver la saillie du cap que la mer ruinait sans cesse.

On avait aussi, au xvie siècle, établi à la pointe de la Hève, entre le banc de l'Eclat, *une grande jetée en bois ;* mais ce promontoire artificiel, non entretenu et trop faible pour résister à la pression des vagues, fut emporté complétement.

On imagina un autre système de défense : celui des *épis,* sortes de barrages transversaux établis le long de la côte ; on en comptait quatorze au commencement du xviie siècle ; mais en 1685, cinq avaient disparu : les épis de l'entrée du port, de la Corne des Flamands et des Fontures ; les autres avaient bientôt été détruits. M. de Nipiville proposa alors de rétablir la grande digue à l'extrémité de la Hève ; ce projet abandonné, a été repris par M. De Gaulle, en 1808, et par M. Bailleul, en 1837, sans plus de succès.

Pendant ce temps, le littoral a peu à peu diminué. M. de Nipiville a évalué à 120 mètres de largeur le terrain enlevé depuis la fondation du Havre jusqu'en 1667. M. de Lamblardie estimait, en 1789, que le littoral, chaque année, perdait un pied de terrain. Ce serait donc une bande de plus de 200 mètres de terrain qui aurait disparu depuis la fondation du Havre. Et chaque année, on constate de nouvelles dégradations peu rassurantes pour l'avenir.

Nous avons étudié l'organisation féodale du village de Sainte-Adresse, examinons son ancienne administration religieuse.

En rappelant les catastrophes qui affligèrent le Chef de Caux en 1369 et vers 1373, nous avons mentionné la reconstruction de l'église et l'établissement d'un nouveau village.

Il est très-probable que cette nouvelle église aura été construite sur l'emplacement de l'ancienne église qui va être démolie. D'après une sentence rendue au bailliage du Havre, le 27 juin 1616, les propriétaires de Saint-Denis du Chef de Caux avaient été autorisés à lever les frais d'un nouveau presbytère « sur une pièce de terre « aumônée par M. de Vitenval à l'église de cette « paroisse. »

En outre, on lit dans un aveu rendu au seigneur de Vitenval par le Trésor ou la Fabrique, sous la date du 7 novembre 1768, que l'une des pièces de terre relevant de la seigneurie, *est le terrain sur lequel est l'église et le cimetière, contenant 26 perches, et celui qui fait partie de la cour du presbytère.* Donc l'église avait été bâtie dès le xive siècle sur l'emplacement actuel.

M. Alexandre Eyriès (1) écrivait cependant, en 1833, que « l'église construite dans la deu- « xième moitié du XIVe siècle, avait été bâtie à « l'endroit où restait une croix (2), près du caba- « ret de ce lieu. La mer ayant détruit encore le « terrain de cette église, elle fut reportée où elle « est maintenant, hors de l'atteinte des flots. » Les documents que nous venons de citer contredisent cette assertion. D'ailleurs, il eut été très-impru- dent de placer une église à cet endroit, après l'exemple qui venait de se produire.

Cette église ou partie d'église a subsisté pen- dant près de deux siècles. Dans la seconde moitié du XVe siècle, elle avait été augmentée d'une tour.

Les portes en arcs surbaissés, garnies de feuillages et de panaches pédiculés ; les contre- forts placés aux angles, les colonnettes non cylin- driques et d'une extrême finesse, les pilastres, les nervures prismatiques, tous ornements et dis- positions appartenant au style de la fin du XVe siècle, se retrouvent à Sainte-Adresse, dans l'ancienne tour, malgré les modifications qui en ont altéré le caractère primitif.

On pénétrait, autrefois, dans la chapelle pra- tiquée sous le clocher, par une porte basse sur-

(1) *Annotations sur les Essais de Pinel.*
(2) Rue de la Croix actuellement.

montée d'un arc surbaissé, orné de nervures prismatiques et d'autres ornements du style ogival tertiaire. Trois grandes fenêtres laissaient pénétrer la lumière à l'intérieur; les meneaux ont totalement disparu, il ne reste plus qu'un simple filet prismatique. Celle du midi est entièrement rebouchée et masquée à l'intérieur par un panneau imitant des nuages; au sommet se trouvent un écusson et quelques nervures imitant le style flamboyant, mais exécutés seulement en 1843. Les deux autres fenêtres ont été beaucoup rétrécies.

La tourelle conduisant au beffroi, renferme un escalier en pierre, dont les gradins ont été remplacés en bois; le plafond et la rampe sont, au contraire, bien conservés. La flèche, en ardoises, est moins ancienne.

Des modifications importantes paraissent avoir été opérées, vers la fin du XVIᵉ siècle, à la nef principale de l'église de Sainte-Adresse. Il est probable qu'à cette époque on aura démoli la partie d'église construite à la fin du XIVᵉ siècle. En effet, la nef et la chapelle nord sont du style Renaissance, reconnaissable à ses fenêtres à plein cintre, sans compartiments en pierre et ornées d'une simple nervure prismatique. L'appareil de construction des murailles se compose de pierres et de silex noir posés en damier. Le chevet de la chapelle est carré, sans ouverture.

Le portail date certainement du commencement du XVIIᵉ siècle, ainsi que l'indique la porte avec fronton divisé par le milieu.

La majeure partie du chœur a été exécutée au XVIIIᵉ siècle et d'une manière moins soignée. Les murailles sont en briques et les fenêtres entourées d'un cordon de pierre sans décoration. M. l'abbé Cochet pense que cette partie de l'église aura été reconstruite en 1732, après une délibération des habitants, où l'on reconnut que l'église était prête à tomber (1).

L'intérieur de l'édifice, abandonné aujourd'hui, ne présente aucun intérêt archéologique ou artistique; mentionnons cependant, à titre de souvenir historique, la chapelle de Notre-Dame-de-la-Pitié, sous le clocher, restaurée en 1843, et inaugurée le 25 septembre, ainsi que l'indique cette inscription encastrée dans la muraille :

Hoc insigne sacellum Virgina compatienti
  erædificavit Eugᵘˢ Duval hujus parochia
rector anº 1843. De Saint-Genis, architecte.

Les décorations du chevet sont signées : G. Brien, architecte au Havre.

La contretable du maître-autel est ornée d'un tableau représentant l'évanouissement de la

(1) Déjà, en 1713, Mgr d'Aubigné, archevêque de Rouen, avait constaté que l'intérieur de cette église laissait fort à désirer.

Vierge. Cette toile, due au pinceau d'un Havrais, M. Couveley, avait été achetée par l'Etat, et donnée, au mois d'août 1847, à l'église de Sainte-Adresse, sur la demande d'Alphonse Karr.

De l'édifice, passons aux ministres qui l'ont occupé et dont quelques-uns reposent en paix sous ses dalles antiques.

Jusqu'à la Révolution de 1789, la rétribution du curé a consisté dans la dîme, les offrandes des fidèles, les indemnités léguées aux membres du clergé par donations et testaments. La rétribution du curé de cette paroisse s'élevait à 1,700 livres annuellement, au moment de la Révolution.

La dîme, qui produisait, au XIIIe siècle, 16 livres par an, dans la paroisse de Saint-Denis du Chef de Caux, était perçue sur les grains ou fruits, notamment : le froment, le seigle, l'orge, l'avoine ; et sur les animaux : moutons, porcs et volailles.

Le curé-décimateur avait diverses charges à supporter en compensation de son bénéfice. C'est ainsi qu'il était obligé de réparer et entretenir, à ses frais, le chœur de l'église, de fournir les ornements et objets du culte, lorsque la Fabrique manquait de ressources. Il était d'usage que les frais d'entretien du clocher, sauf le beffroi, lorsqu'il était placé entre le chœur et la nef, fussent à la charge du curé, pour moitié seulement. Cet usage n'existait pas à Sainte-Adresse, car le clocher se trouve au bas de l'église.

Il faut ajouter aux charges du décimateur, les frais d'instruction de la jeunesse, le soulagement des pauvres à l'époque où les Bureaux de Bienfaisance étaient inconnus. Le bâtiment de l'école tenue à Sainte-Adresse par le vicaire, était à la charge de la Fabrique. Une autre école, pour les filles, était dirigée par une laïque de la paroisse (1).

Il n'a existé dans les campagnes, jusqu'à la deuxième moitié du xviiie siècle, aucune administration communale. Le chef et directeur de la paroisse était le curé, sous le patronage du seigneur. L'économe ou receveur municipal était le trésorier de la Fabrique, chargé d'administrer la dotation de l'église.

Cette dotation provenait de dons et legs successifs faits en l'honneur de Dieu, soit par les habitants, soit par les propriétaires de terres. Souvent on achetait par un legs ou une donation une place de banc dans l'église, pour l'occuper pendant la vie et en faire une sépulture après la mort. Les donateurs demandaient des prières à perpétuité en échange des biens qu'ils ne pouvaient emporter dans la tombe. Ce pieux usage,

(1) Procès-verbal de la visite de l'église, en 1713. *Archives départementales.*

renouvelé assez fréquemment, permettait de subvenir aux frais d'entretien de l'église et à la rétribution d'un vicaire qui acquittait les fondations.

Dans d'autres circonstances, les bienfaiteurs avaient en vue l'augmentation, l'embellissement de la maison de Dieu. L'un donnait une cloche, l'autre procurait des ornements ; celui-ci contribuait aux frais de réparation de l'édifice, celui-là assurait le logement du vicaire. Voici quelques exemples des donations qui avaient été faites en faveur de l'église de Saint-Denis Chef de Caux et dont elle a profité jusqu'au moment où la Révolution de 1789 s'empara de tous les biens et rentes léguées à cette église :

2 juin 1636. — Pierre Delamare donne 100 livres pour la célébration, chaque année, de deux messes.

17 février 1637. — Jean Deshays, avocat au Havre, fait don au trésor de Saint-Denis de 30 livres de rente et d'une pièce de terre, à la charge d'acheter des ornements et de faire célébrer, chaque dimanche, une messe basse avec chant du *libera*.

7 juin 1644. — Jean Gasquerel, bourgeois du Havre, donne une rente de 7 livres 2 sols pour un service funèbre.

7 novembre 1650. — M. Claude Le Villain, curé, lègue à la Fabrique un héritage contenant

6 acres et la moitié d'une cour, avec habitation
pour logement du vicaire, sous la condition de
faire dire une messe par le vicaire trois fois par
semaine et un service religieux chaque année.
En considération de ce don, le Trésor avait
accordé à la famille Le Villain une place de banc
dans l'église.

16 juillet 1654. — Nicolas Le Neuf, prêtre,
donne une rente de 30 livres pour la célébration
d'une messe hebdomadaire par le vicaire.

3 octobre 1668. — Jean Vallée, ancien procureur et bourgeois du Havre, fait don au Trésor
de Saint-Denis de 500 livres, à la charge de
5 services, le lendemain des grandes fêtes de
Notre-Dame, avec chant du *Libera* devant sa
tombe.

4 novembre 1678. — Jacqueline Léauté,
veuve de Charles Delauney, écuyer, docteur en
médecine au Havre, lègue une rente de 34 livres
pour une messe basse tous les mardis.

21 janvier 1690. — J.-B. Le Villain, vicaire
de Sainte-Adresse, donne une rente de 14 livres
pour trois services religieux.

29 avril 1646. — M. Nicolas Le Neuf, prêtre à Saint-Denis Chef de Caux, fait don d'une
« *cloche* de bon et loyal métal, pesant 862
« livres, où étaient apposées les armes de Le
« Neuf et l'écriture, tout autour, des parrain et
« marraine. » Ce don avait été fait à la condition

« de faire célébrer, le lendemain de la fête Saint-
« Nicolas, un service, avec chant du *Libera*, sur
« la tombe du donateur, inhumé en cette église
« devant l'autel de la Sainte-Vierge. » Il s'était
réservé de faire poser dans la muraille une pierre
ou lame de cuivre gravée pour perpétuer la mémoire de cette fondation. Enfin, le Trésor s'était
engagé, au cas où la cloche se serait brisée, à la
faire refondre et y réapposer les armoiries des Le
Neuf et les inscriptions primitives. Ces armoiries
étaient *de gueules à trois coussinets d'or, les
houppes posées en sautoir.*

L'église de Sainte-Adresse possédait, autrefois, trois cloches qui ont disparu à l'époque de
la Révolution ; les deux qui existent aujourd'hui
sont peu anciennes, l'une provient de l'ancienne
église d'Ingouville, et l'autre a été fondue en
1850.

Le curé était un personnage assez important
pour mériter quelques notes biographiques dans
l'histoire paroissiale. Nos renseignements, sur ce
point, sont fort incomplets, surtout pour la période antérieure au xvie siècle, les registres de
l'Etat Civil n'existant pas avant cette époque :

1558 à 1560, Robert Belottin.
1561 à 1574, M. Lemétais.
1575 à 1579, M. Godin, vicaire de M. de Brilly,
aumônier du Cardinal de Bourbon, archevêque de
Rouen.

1580, M. Vatier, curé.

1607, Pierre Hervieu, décédé le 6 avril 1626.

1626, M. Claude Le Villain.

1650, M. Jean Hurel, frère d'un médecin du Havre, décédé le 6 août 1676, âgé de 70 ans, inhumé dans le chœur de l'église.

1676, Messire Jean-Charles Adam de Gieuville de Bonnemare, décédé à Troudeville, le 17 juillet 1700, inhumé le 27 juillet, dans le cimetière de Sainte-Adresse, au pied de la croix. Il appartenait à une famille honorable du Havre. Adam de Bonnemare et Adam de Bourgainville assistaient à ses funérailles.

1700, Pierre Le Ber, décédé le 7 août 1719, à l'âge de 82 ans, inhumé dans le chœur de l'église.

1723, Messire Florent-Charles Le Blond, sieur de Gousseauville, décédé à Sainte-Adresse, à l'âge de 74 ans, le 3 septembre 1764, inhumé dans le cimetière.

1764-1797, Michel-Romain de Beaugrand, originaire de Rouen, dernier curé avant la Révolution.

Le ministre de la religion trouvait un auxiliaire puissant dans l'institution des anciennes confréries religieuses qui entretenaient entre les fidèles une sorte d'émulation chrétienne, établissaient entre les habitants de plusieurs paroisses voisines, des relations suivies, et au moyen de faibles cotisations prélevées sur chaque affilié, procuraient, lorsque l'association était nombreuse, comme à Sainte-Adresse, des ressources importantes, soit pour embellir l'église, soit pour secourir les confrères affligés.

Nous pensons qu'au commencement du xvii^e

siècle, il existait dans l'église de Sainte-Adresse, une confrérie placée sous le vocable de Saint-Hubert. On lit, en effet, sur un registre de l'état civil de cette paroisse, pour 1622 :

« Les noms et surnoms de ceux et de celles « qui sont en la Confrairie de Monsieur Saint-« Hubert, d'Ardennes. » Suit une liste de dix-huit paroissiens, sans autre détail.

Une autre confrérie, beaucoup plus importante, avait été établie, le 25 mars 1633, sous la protection de la Vierge Marie, avec le titre de : « Confrérie et Charité de Notre-Dame-de-Sainte-« Adresse. »

Nous avons donné (1) un extrait des statuts de cette association, conservés aux archives départementales. Son but était surtout religieux ; les confrères devaient solenniser toutes les fêtes de Notre-Dame et réciter chaque jour diverses prières en son honneur.

Les statuts portent qu'il « serait élu un maî-« tre pour la dite Confrérie, tous les trois ans, « par le curé, prêtres, trésoriers et autres qui au-« raient eu la dite charge, et ce le quatrième « dimanche du mois de juin. »

D'après les mêmes statuts, « chacun des dits « confrères devait payer 2 sols pour son entrée et

(1) *La Confrérie de Sainte-Adresse.* 1877.

« 6 deniers par an, pour subvenir aux charges de
« la dite Confrérie. Si les confrères négligeaient
« de payer leurs cotisations pendant cinq ans, ils
« devaient être rayés du rôle. Ceux qui ne vou-
« laient payer 6 deniers par an, étaient affranchis
« en versant 6 sols, outre le droit d'entrée. »

Plus tard, on avait apporté quelques modifications aux statuts ; les fonctions des maîtres ne
durèrent plus qu'un an, les droits d'entrée et les
cotisations subirent quelque augmentation.

Cette ancienne Confrérie avait recruté un
bon nombre d'associés au Havre, parmi les notables, les marins et les fonctionnaires. En 1706,
on y remarquait neuf ecclésiastiques et quinze
cents associés, tant hommes que femmes. Trente
ans plus tard, ce chiffre avait diminué, mais il
était encore important. On comptait 1,100 affiliés;
mais il est probable que jusqu'à la Révolution,
époque de la suppression de cette association, ce
nombre aura encore diminué.

Cette association, indépendamment de ses
avantages spirituels, avait produit quelques bien-
faits matériels. Voici, à ce sujet, deux exemples
frappants :

Le 2 juin 1641, Pierre Dumont, du Havre,
maître de la Confrérie de Sainte-Adresse, donna
508 livres pour *être inhumé sous la table des
maîtres* de la Charité que, de son vivant, il avait
occupée.

Le 14 avril 1662, la Charité de Notre-Dame-de-Sainte-Adresse, représentée par Thomas Bourdon, échevin comptable ; Pierre Dumont, maître ; Nicolas Le Chibelier, Pierre Mahault, Robert Le Berquier, Pierre Arbilleau, *tous bourgeois du Havre, frères servants* de la Charité, donna au Trésor de l'église *dix-sept cents livres* pour les ouvrages et travaux de cette église. En considération de ce don, le Trésor s'engagea à faire célébrer annuellement cinq services religieux, à l'intention des frères et sœurs de la Confrérie, et à placer une épitaphe pour perpétuer le souvenir de ce bienfait.

C'est sans doute à l'époque de l'établissement de cette confrérie que l'on peut faire remonter l'origine du culte spécial pour la Vierge Marie, sous le titre de Notre-Dame-des-Flots, quoique l'on ait voulu, sans aucune base historique, fixer une date bien plus éloignée. Voici dans quelles circonstances cette dévotion aurait été établie (1) :

A une époque fort reculée, il existait sur le haut et au bord des falaises de la Hève, à environ 600 mètres des Phares actuels, un petit oratoire ou plutôt une niche de pierre contenant une statue de la Vierge ; dans un éboulement qui eut lieu au commencement du XIVe siècle, oratoire et statue

(1) *Courrier du Havre*, nº du 10 septembre 1859.

furent emportés avec le terrain et roulèrent sur la plage ; on avait relevé processionnellement cette statue, qui fut portée en grande cérémonie à l'emplacement qu'elle occupe, c'est-à-dire sur le portail de l'église de Sainte-Adresse. Tous les ans, le 11 septembre, on fait la procession hors de l'église.

L'auteur de l'*Histoire du Culte* de la Sainte-Vierge en France (1) raconte, de son côté, qu'au Nord du Havre existait une petite chapelle bâtie au xive siècle, là où est aujourd'hui le banc de l'Eclat, et que les envahissements de la mer firent disparaître il y a *trois cents ans*. Depuis cette époque, sa statue vénérée, placée au portail de l'église de Sainte-Adresse, qui était voisine, reçut longtemps les hommages des matelots qui, en passant, ne manquaient jamais de la saluer par le chant des *Litanies de la Vierge Marie*. Même au temps de la Terreur, ne pouvant chanter ces Litanies, ils les récitaient à voix basse et à genoux, et sa fête se célébrait comme celle d'une seconde patronne, dans l'église de Sainte-Adresse, le dimanche dans l'octave de la Nativité.

Il nous parait y avoir beaucoup d'exagération dans ces deux versions. D'abord, le portail de l'église où l'on aurait placé une statue dès le

(1) Ouvrage publié en 1865 par M. le Curé de Saint-Sulpice.

commencement du xive siècle, n'a pas été bâti avant le xviie siècle; il est facile de s'en convaincre par le style architectural. Au xive siècle, l'église paroissiale était bâtie sur la falaise ; la statue que l'on voit encore au portail de l'ancienne église ne paraît pas avoir été exécutée avant le xviie siècle. Nous pensons, en effet, qu'il y avait, autrefois, sur le bord de la mer, une niche ou un petit oratoire dédié à Notre-Dame-des-Flots, lequel aura disparu avec le sol, et alors, la statue, relevée par de pieux fidèles, aura été posée sur le portail de l'église, dans le courant du xviie siècle, peut-être dans le siècle suivant.

Aux xviie et xviiie siècles, le village de Sainte-Adresse était, comme aujourd'hui, habité bourgeoisement par quelques Havrais notables, propriétaires de fermes situées dans cette paroisse, et qui venaient y passer la belle saison. Il est intéressant de rappeler les noms de ces anciens habitants de Sainte-Adresse, les cérémonies joyeuses ou funèbres qui se sont passées au milieu de cette population; nous y trouverons des souvenirs intéressants et fort curieux.

Le 22 mai 1685, l'église était en fête. M. Adam de Gieuville, curé, bénissait l'union de damoiselle Anne Adam, fille de M. Adam, ancien conseiller en l'Hôtel-de-Ville du Havre, qui épousait Jean de Jort, sieur du Planché, procureur en la Chambre des Comptes de Normandie.

Une autre fille de M. Adam s'est mariée le 17 mars 1694, dans la même église, avec M. François-Eustache, écuyer, conseiller du roi, auditeur en la Chambre des Comptes de Normandie.

Le 17 janvier 1688, l'église était en deuil ; on inhumait messire Philippe Dumont, chevalier, seigneur de Groseiller l'Abbaye et Treponville (1), conseiller secrétaire du roi, maison et couronne de France, de ses finances de l'ancien collège. Il avait épousé au Havre, le 12 février 1646, Anne Leroy, fille puînée de Nicolas, écuyer, sieur Dumé, capitaine entretenu pour le roi en ses armées navales.

Au commencement du XVIIIe siècle, une famille Bayard possédait une ferme sur la Hève et y passait l'été.

En 1724, messire Charles-François-Alexandre Bayard, chevalier, seigneur des Castelets, à Pierrefiques, officier des armées navales du roi et major de la marine au port du Havre, était propriétaire de cette ferme. En 1762, messire Pierre-Charles-Jérôme Bayard, chevalier de l'ordre royal et militaire de Saint-Louis, avait succédé à son père.

La famille Du Croq de Biville a longtemps

(1) Vavassorerie située à Ecrainville.

habité Sainte-Adresse, où elle possédait une habitation au Nord du manoir de Vitenval; on trouve sa trace dès l'année 1690. C'est là que mourut, le 26 juillet 1727, à l'âge de 78 ans, M. Louis Du Croq de Biville, avocat au Parlement, domicilié au Havre, bailli de Criquetot, doyen des avocats du Havre, ancien trésorier de l'église de Notre-Dame et ancien administrateur de l'hôpital. Sa femme, décédée à Sainte-Adresse, en 1700, avait été inhumée dans cette église. Sa fille, Marie-Anne-Magdeleine Du Croq de Biville, épousa Jacques-Jacob Plaimpel, conseiller du roi, grenetier au grenier à sel du Havre. Elle demeurait et est décédée à Sainte-Adresse; mais elle a été inhumée à Limpiville, le 13 janvier 1767.

M. Plaimpel mourut aussi à Sainte-Adresse, le 23 février 1770, âgé de 75 ans, et a été inhumé dans le cimetière.

Les familles Le Chibelier et Pinel figurent aussi parmi les anciens habitants de Sainte-Adresse, où elles possédaient une ferme. Jean-Michel Le Chibelier, bourgeois du Havre, avait été inhumé dans cette église.

Noble dame Thérèse Le Chibelier, veuve de Gédéon Desmarets, écuyer, est décédée également à Sainte-Adresse, le 7 avril 1786. Marie-Thérèse Desmarets, sa fille, qui avait épousé M. Nicolas Pinel, conseiller du roi, lieutenant en l'amirauté du Havre, est décédée à Sainte-Adresse, le 22 germinal an X.

M. Louis-Augustin Pinel, neveu du précédent, chevalier de la Légion d'honneur, ancien juge de paix, membre de la Société des Antiquaires de Normandie, auteur des : « Essais « archéologiques et historiques sur les environs « du Havre », est mort à Sainte-Adresse, le 16 février 1833, dans sa maison de campagne, aujourd'hui propriété de M. Jules Alleaume.

Cette famille était alliée aux Oursel. M. Jean-Baptiste-Georges Oursel, subdélégué de l'intendance, était aussi le neveu de Nicolas Pinel.

La famille du célèbre naturaliste havrais, Lesueur, était probablement originaire de Saint-Denis du Chef de Caux. Dès l'année 1612, Abraham Lesueur acquiert de Jean Dehays le moulin de Saint-Denis, situé à Sainte-Adresse. Puis, ce moulin se trouve aux mains de Jean Lesueur et de ses enfants jusqu'en 1695.

Le 12 juin 1736, Jean Lesueur meurt dans cette paroisse et est inhumé dans l'église.

Il avait eu un fils ou petit-fils, Denis Lesueur, qui s'est allié à la famille Morel, laquelle eut également une résidence à Sainte-Adresse, près du manoir de Vitenval. Denis Lesueur avait épousé Anne Morel, fille de *François Morel de la Soubretonne* et nièce de Jean Morel, tous deux enfants et petits-enfants d'échevins havrais (1).

Denis Lesueur, devenu greffier de l'Amirauté du Havre, en 1757, et Anne Morel eurent plusieurs enfants, notamment Jean-Baptiste-Denis Lesueur, et trois filles qui épousèrent les trois frères Vieillard, tous capitaines de navires pour les Indes orientales et occidentales, et dont la famille, une famille de marins, existe au Havre depuis 1570.

M. Jean-Baptiste-Denis Lesueur a succédé à son père en 1772 ; dès l'année 1777, on trouve sa trace à Sainte-Adresse, où il passait sans doute une partie de l'année, dans une propriété située aujourd'hui rue de Bléville, au nord du manoir de Vitenval. M. Lesueur s'était intéressé, en 1778, dans plusieurs bâtiments armés en guerre contre les Anglais. C'est lui qui équipa le corsaire le *Furet*, afin de s'emparer du paquebot le *Betzy*, expédié par le gouvernement du Sénégal, pour apprendre à la Cour de Londres l'état de détresse de la colonie. Ce fait a permis à la France de conquérir cette colonie, et M. Lesueur obtint la faveur de faire échanger contre le capitaine du

(1) Ces Jean Morel et François Morel avaient servi avec distinction sous les ordres du maréchal de Tourville et commandé, au Havre, plusieurs bâtiments de commerce, de 1720 à 1725. François Morel est décédé à Sainte-Adresse, le 7 janvier 1738, et a été inhumé dans l'église.

Betzy, M. Pierre-Augustin Vieillard, son beau-frère, fait prisonnier et conduit à Falmouth dans les premiers jours des hostilités.

M. Lesueur était un économiste fort entendu ; il proposa le rétablissement du canal Vauban, une assurance générale contre l'incendie de toutes les propriétés de France, et fit plusieurs mémoires sur la navigation de la Seine ; les moyens de contraindre l'Angleterre à rendre la liberté des mers, les communications postales entre la France et les colonies, la construction de digues ou épis sous le cap de la Hève, les moyens d'empêcher un bombardement du Havre, etc.

Quelque temps avant sa mort, M. Lesueur se proposait de publier des recherches historiques sur la navigation de la Seine. Cette publication n'a pas réussi. L'auteur est décédé à Paris, en 1818. Son fils, le naturaliste, a habité Sainte-Adresse dans les derniers temps de sa vie et y est mort en 1846.

Notre étude historique serait incomplète si nous omettions d'étudier le régime militaire auquel étaient assujettis les habitants de Sainte-Adresse avant les réformes de 1789.

Au xviiie siècle, les habitants de cette paroisse, par leur voisinage de la mer, étaient obligés au service de la *garde-côte*. Avant cette époque, ces habitants étaient *sujets au guet de la mer* et, par suite, dispensés de concourir au tirage de la milice de terre.

L'ordonnance de 1681 sur la marine, avait organisé cette milice en établissant des capitaineries dépendant de l'amirauté et composées d'un certain nombre d'hommes sujets au guet de la mer ; ceux-ci veillaient à tour de rôle dans les corps-de-garde établis le long du littoral. En cas d'alarme, ils se communiquaient au moyen de la fumée pendant le jour, et du feu pendant la nuit. Chaque habitant sujet au guet de la mer, devait être muni d'un mousquet, d'une épée et de munitions.

Le service de la garde-côte a été réorganisé en 1701. Les corps-de-garde furent mis en bon état, aux frais de chaque paroisse, et entretenus au moyen des amendes imposées aux réfractaires, qui, de plus, étaient passibles de la prison.

Chaque capitainerie se composait de cinq compagnies, dont une de canonniers et les autres de fusiliers. La compagnie de canonniers se recrutait dans les paroisses les plus à portée du rivage, sur le front de la capitainerie, qu'il y eût ou non des batteries à cet endroit ; en cas d'insuffisance, le complément était pris dans les paroisses de deuxième ligne. Les quatre compagnies de fusiliers étaient composées des habitants domiciliés dans les autres paroisses.

La capitainerie du Havre, dont le lieu de

rassemblement était à Octeville, recrutait ses canonniers dans les paroisses de Bléville, *Sainte-Adresse* et Ingouville; les fusiliers étaient pris dans les environs.

Le service de la garde-côte avait beaucoup d'analogie avec le service des douanes sur le littoral. Si nous ne voyons plus aujourd'hui de soldats le long des côtes, c'est qu'ils sont remplacés par des douaniers, peut-être même dans les corps-de-garde des premiers.

Les gardes-côtes des environs du Havre ont joué un rôle actif en 1759, lors du bombardement du Havre par les Anglais. Le village de Sainte-Adresse était le point de la côte le plus fortifié, et l'on y avait concentré de nombreux soldats de toutes armes.

Déjà, en 1690, le ministre de la marine française, Seignelai, voulant protéger Jacques II, roi d'Angleterre détrôné, contre Guillaume, prince d'Orange, envoya le maréchal de Tourville à la tête d'une flotte qui rencontra les Anglais et les Hollandais alliés, le long de la côte de Sussex. Le combat fut livré vers le milieu de juillet 1690 et coûta quinze vaisseaux aux ennemis, qui se retirèrent, les uns dans la Tamise, les autres dans les ports de Hollande.

Tourville vint mouiller dans la rade, à proximité du rivage de Sainte-Adresse, pour réparer ses avaries, reposer ses marins fatigués, couverts

de la glorieuse poussière des combats, et leur
donner des vivres frais (1). Deux matelots du
navire de guerre *Le Léger* moururent le 27 juillet
et le 2 août, et furent inhumés dans le cimetière de
Sainte-Adresse. Les matelots, sans doute, vinrent ensuite camper sur le rivage, car on enterra
dans le même cimetière, le 13 août, un matelot de la *tente* du *Sérieux*; les 4 et 5 septembre,
deux autres marins; le 11 septembre, un matelot
breton de la *grande tente*, et le même jour, un
cadet d'une *autre tente*.

La flotte regagna ensuite l'Angleterre, où elle
continua ses exploits.

En 1693, pendant un autre bombardement
du Havre, une redoute avait été dressée à mi-
côte de la Hève, près des tuileries, pour empêcher une descente. Un soldat tué dans cette batterie, le 25 juillet 1694, a été inhumé le lendemain
dans le cimetière de Sainte-Adresse.

« Le 25 juillet 1693, rapporte messire de
« Clieu, curé du Havre, avait apparu sur la rade,
« vers le promontoire vulgairement appelé le
« Chef de Caux, une flotte considérable, montée
« par des Anglais et des Hollandais, qui vinrent
« jeter l'ancre et prendre station dans ce *gué de*
« *de sûreté* (Sainte-Adresse) où la flotte fran-
« çaise avait pris position en 1690. Bientôt, des

(1) Messire de Clieu, cité par M. l'abbé Lecomte.

« barques ennemies s'étaient détachées pour ex-
« plorer la partie du *gué* la plus rapprochée de
« la ville, et le lendemain, la flotte bombarda le
« Havre. »

On avait résolu, au mois de juillet 1756,
d'établir un camp à proximité du Havre, dans la
plaine de Frileuse, et soixante et onze pièces de
canon avaient été mises en batterie, *depuis la
Hève* jusqu'au Hoc.

Une dépendance de ce camp était établie à
Sainte-Adresse dans les basses falaises. En effet,
au mois de juillet 1758, un soldat garde-côte de
Mannevillette, paroisse dépendant de la capitainerie du Havre, décéda *après avoir été pris de
mal au camp de la Hève*, d'après son acte de
décès.

« Le 3 septembre 1758, écrit l'échevin
« Millot, dans ses *Mémoires d'Echevinage*, en
« présence de M. de Berville et de M. Brou,
« toutes les troupes ont été dehors à leurs postes
« et batteries ; chaque pièce de canon a tiré un
« coup ; *on a fait l'exercice dans l'anse de
« Sainte-Adresse* comme pour s'opposer à une
descente. »

C'est sans doute à ces exercices qu'a fait
allusion M. Lesueur, en disant en 1845 : « que
« son père lui avait raconté avoir vu un régiment
« tout entier manœuvrer sur cette plage de Sainte-
« Adresse où sont entassés pêle-mêle les débris

« d'éboulements successifs, résultats de l'impré-
« voyance humaine. »

La garnison de Sainte-Adresse se trouva
augmentée en mai 1759, par l'arrivée de huit
compagnies postiches du régiment des grenadiers
royaux de Mehégan, qui restèrent campées sur un
*terrain appartenant à Jean Melai, laboureur
et syndic de la paroisse, situé le long du chemin de la mer, tendant du Havre à Sainte-
Adresse,* c'est-à-dire sur l'emplacement de la rue
des Pêcheurs. Soixante-quatre tentes avaient été
établies pour abriter ces soldats (1).

Les Anglais savaient, au commencement de
l'année 1759, que des préparatifs plus ou moins
sérieux étaient faits, notamment au Havre, pour
rendre à leurs ports les visites qu'ils avaient faites
à ceux de la France. Les chantiers construisaient
des bateaux plats en vue d'un débarquement. De
là, pour les Anglais, le projet bien arrêté de
détruire par le feu nos établissements maritimes.

Une petite escadre (2) fut d'abord envoyée
pour sonder la rade et bloquer étroitement le
port. Depuis plusieurs mois, elle s'acquittait de
cette double mission, lorsque le 3 juillet 1759, on
aperçut l'avant-garde d'une nouvelle flotte ennemie. Déjà, le 26 juin, après une fausse alerte,

(1) *Archives départementales de la Seine-Inférieure.*
(2) *Le Havre sous les ducs de Saint-Aignan.*

les soldats gardes-côtes, campés à la Hève au nombre de 800, s'étaient rendus au bas de Sainte-Adresse et aux batteries.

Il y avait aussi à la Hève une batterie de 6 canons de 18; une seconde de 6 canons également à Sainte-Adresse. La première était servie par une partie du régiment de la Vieille-Marine, qui y était encore campé au mois d'octobre suivant. Le 3 août, un soldat de ce régiment, coupable d'avoir enfreint les lois de son pays, avait été fusillé sur le territoire de Sainte-Adresse.

Le 3 juillet, disons-nous, la flotte anglaise, composée de 29 voiles, chargée de bombarder le Havre, était apparue sur rade. Le gardien de la Hève l'avait signalée à huit lieues de distance.

La ville n'était pas en état de défense. Le 4 juillet, on descendit deux mortiers, qui étaient placés à la Hève depuis deux ans, et que l'on reconnut être inutiles à cet endroit.

A l'arrivée de la flotte anglaise, la batterie de la Hève avait tiré deux coups de canon pour donner le signal d'alarme; on avait battu la générale et des courriers avaient été expédiés dans toutes les directions.

Quelques heures après, on vit arriver la troupe régulière, les milices gardes-côtes et les dragons des paroisses voisines. On installa à Sainte-Adresse un bataillon de milice de Blois et

le régiment de Bretagne. Les dispositions suivantes avaient été prises à Sainte-Adresse, en pré-
vision du bombardement et du débarquement :

« Des retranchements sont pratiqués dans la
« gorge de ce village, où se trouvent les milices
« gardes-côtes ; une compagnie prendra au parc
« de l'artillerie la brigade légère de 6 pièces de
« canon et la conduira au même endroit. Les
« milices gardes-côtes fourniront tous les déta-
« chements pour servir l'artillerie. Un piquet de
« 50 hommes de ces gardes-côtes se portera à la
« batterie de la Hève, commandée par les offi-
« ciers de la marine.

« D'autres piquets, avec les drapeaux, se
« porteront aux retranchements de la gorge de
« Sainte-Adresse où ils seront rejoints par une
« compagnie de grenadiers du corps royal et une
« brigade légère de 6 pièces de canon.

« Si l'ennemi était trop supérieur, on retire-
« rait les 6 pièces de canon qui sont à la batterie
« au-dessous de la briqueterie, près de la gorge
« de Sainte-Adresse. Les canonniers des batteries
« de Saint-Aignan et de la Hève, avec les piquets
« qui leur auront été fournis par la garde-côte,
« se retireront quand les officiers de la marine le

« jugeront à propos; ils seront maîtres de se join-
« dre au corps destiné à défendre les retranche-
« ments du bas de la gorge de Sainte-Adresse. »

Pendant trois jours, les Anglais firent pleu-
voir sur la ville une quantité considérable de
projectiles qui causèrent de grands ravages. On
a estimé à plus de 800 le nombre des bombes
lancées de cette manière. Puis, la flotte s'étant
bornée à bloquer le Havre sans tenter de débarquement, se retira à la fin de novembre 1759.

On a vu que, dès l'année 1364, une sorte de
phare avait été établi pour guider les marins à
l'entrée de la Seine. Ce phare a subsisté pendant
longtemps, d'abord sous le nom de *Tour des
Castillans*, et ensuite sous la désignation de
Foyer de Guerre, qui était encore usitée au XVIIIe
siècle. Nous pensons qu'à cette époque ce fanal
dépendait du service de la garde-côte, comme son
nom l'indique d'ailleurs. Un autre établissement
moins primitif, mais encore très-imparfait, nous
voulons parler des *Phares*, a été exécuté en 1774.

Une société s'était constituée pour construire
ces phares ; mais la Chambre de commerce de
Normandie ne lui en laissa pas l'initiative. Elle
adressa au roi un mémoire où nous lisons ce
passage :

« La Chambre de commerce estime qu'il est

« très-avantageux pour la navigation d'établir
« quatre feux, dont un sur la pointe de Barfleur,
« deux sur le cap de la Hève pour les distinguer
« des autres, et le quatrième sur le cap de l'Ailly,
« à l'ouest de Dieppe.

    « La dépense de ces quatre tours, dont celle
« de Barfleur doit avoir 80 pieds de haut, les
« autres chacune 40 pieds, est estimée à 100,000
« livres, avec les bâtiments des gardiens. »

L'emplacement des phares de la Hève a été
donné gratuitement par M. Lestorey de Boulongne, seigneur de Sainte-Adresse et l'un des principaux négociants du Havre.

La Chambre de commerce fit donc élever ces
quatre phares, qui ont été allumés pour la première fois, le 1er novembre 1775. Les premiers
gardiens ont été Pierre Martin et Mathieu Poyé.

Voici, maintenant, de quelle manière la
Chambre de commerce se proposait d'entretenir
les phares :

    « On compte, par an, 300 barils de charbon
« d'Angleterre, celui de France ne pouvant servir,
« 30 cordes de buches et 3,600 fagots ou bour-
« rées. »

Ce n'était pas une lanterne, comme le fait
remarque M. Morlent, mais une fournaise que
l'on se proposait d'allumer, si bien que l'on y

ajouta deux soufflets. Ce n'était plus un phare, c'était une forge, d'où s'exhalait une si épaisse fumée, que, de loin, la Hève ressemblait à un volcan en pleine éruption. Force fut de modifier cet étrange système d'éclairage. En 1778, on construisit donc une grande lanterne vitrée sur toutes ses faces, qui a subsisté jusqu'en 1844, et l'on plaça six lampes à réverbères, alimentées à l'huile, disposées en deux étages autour d'un pivot s'élevant et tournant à volonté.

Les frais d'entretien des deux phares étaient couverts par des droits de feux levés sur la navigation. Les résultats de procédés aussi primitifs laissaient à désirer, et malgré la sévérité des règlements, l'inégalité de la portée des feux et l'irrégularité des heures d'allumage, provoquaient, de la part des capitaines, des plaintes répétées (1).

Sous la République, rapporte M. Morlent, ces feux eurent également de fréquentes éclipses qui occasionnèrent la perte de bon nombre de navires. On manquait d'huile comme du reste, et le service d'éclairage se faisait si mal, que le peu de commerce maritime du Havre était aux abois. L'huile revint à la lampe quand un gouvernement plus modéré prit la place du terrorisme

(1) *Le Havre sous les ducs de Saint-Aignan*, par A. Lemale.

Robespierrot, et depuis, les phares ont toujours fait un bon et loyal service. En 1811, notamment, on installa dans ces phares douze réflecteurs plaqués en argent et éclairés par vingt-quatre becs. Depuis l'année 1863, la lumière est produite par quatre machines magneto-électriques, mises en mouvement au moyen de deux moteurs à vapeur ; ces quatre machines ne fonctionnent ensemble qu'en temps de brume.

Le goût qui a présidé à l'architecture des phares de Sainte-Adresse est sévère ; il ne se ressent pas du style tourmenté mis à la mode dans les monuments publics, à cette époque où tous les arts semblaient dégénérer.

D'importantes améliorations ont été apportées aux phares de la Hève en 1844, tant aux édifices qu'aux appareils intérieurs. Une somme de 100,000 francs a été consacrée à l'installation d'un nouvel appareil lenticulaire et à la construction d'habitations pour les gardiens. On a décapité les deux tours des lanternes placées en 1778, et dont on voit encore un dessin au Musée-Bibliothèque du Havre.

On avait appréhendé, tout d'abord, à exécuter ces travaux, à cause des éboulements ; mais les études faites par M. Chevalier, ingénieur du port du Havre, sur les points menacés comparativement à ce qui était tombé depuis vingt-cinq ans, ont prouvé que, même dans les conditions les plus défavorables, il fallait quatre-vingts ans pour atteindre le pied de l'enceinte des phares.

On se préoccupait déjà, il y a un siècle, de prévenir ces éboulements successifs, qui menacent d'anéantir peu à peu le village de Sainte-Adresse.

Voici un exemple de la répression d'un fait de ce genre, devant le Tribunal de l'Amirauté du Havre, le 26 février 1782.

La sentence qui va être rapportée, intervint entre Guillaume Liard, laboureur et syndic de la paroisse de Saint-Denis Chef de Caux, et deux autres habitants de cette paroisse. Le procureur du roi près le siège de l'Amirauté, remontra « qu'il y avait déjà eu plusieurs plaintes portées « devant ce siège, au sujet des excavations et « fouilles faites sur la grève de la dite paroisse, « ce qui causait préjudice aux digues le long de « la côte, aux parcs et aux pêcheries et même au « port ; ces excavations contribuant à apporter le « galet.

« Pourquoi il requerrait que l'on fît défense « de faire aucune fouille sur le rivage et au pied « des falaises. »

Ces conclusions avaient été accueillies par le juge maritime, après l'estimation des dommages par Noël Billorey, garde-pêche à Sainte-Adresse.

« Et faisant droit sur les plaintes portées « tant par les officiers municipaux du Havre, au

« nom du commerce et de la ville, que par les
« officiers du génie et des Ponts et chaussées, sur
« le préjudice causé par les fouilles et excavations
« qui se font dans toute l'étendue de la grève et
« du rivage de la mer, des paroisses de Sainte-
« Adresse, Sanvic et Ingouville, tant aux digues,
« épis, pêcheries, et à ce qu'elles contribuent à
« combler le port et nuisent aux canaux des fon-
« taines.

« Nous avons fait défense expresse de faire,
« à l'avenir, aucune fouille ni excavation sur le
« rivage de la mer des susdites paroisses, en
« quelque partie que ce soit, sous peine de prison,
« 50 livres d'amende, saisie des chevaux et char-
« rettes. »

Que les éboulements fussent causés par ces
travaux et dégradations ou par d'autres causes, il
est certain que des lisières de falaise, détruites
par la filtration et la congélation des eaux, s'af-
faissent à la fin des hivers. C'est ainsi que le 2
février 1785, une demi-acre de terre tomba dans
la mer. Chose remarquable, rapporte le *Journal
de Rouen*, l'explosion de cet affaissement fut très-
sensible au Havre, mais les gardiens des phares
en eurent à peine connaissance ; l'effet du son
s'étant porté tout entier le long des falaises voisines et ayant répercuté littéralement d'angle en
angle jusqu'au Havre.

Ces catastrophes périodiques avaient, en

1789, inspiré à M. de Lamblardie père, ingénieur des Ponts et chaussées, cette prophétie peu rassurante, mais qui, heureusement, ne s'est pas encore réalisée (1) :

« La jetée et les autres ouvrages d'art cons-
« truits pour l'établissement du port du Havre,
« offrent un point d'appui fixe à l'une des extré-
« mités de la digue de galet qui protège la ville et
« le faubourg d'Ingouville, tandis que l'autre
« extrémité, tenant au cap de la Hève, se reculera
« à mesure que ce cap sera détruit. Il s'en suit
« que, dans un temps à la vérité très-éloigné, la
« ville du Havre sera contournée par la mer, qui
« s'ouvrira, entre elle et la côte d'Ingouville, un
« passage pour se joindre plus directement à la
« Seine, entre Leure et le Hoc. Alors, le cours du
« galet sera changé ; l'entrée du port du Havre
« n'en sera plus comblé, et si l'on peut conserver
« cette île, malgré les efforts de la mer qui l'atta-
« quera de tous côtés, elle offrira un des ports
« les plus commodes de la côte. »

---

(1) *Mémoire sur les côtes de la Haute-Normandie.*
1789.

✠✠✠✠✠✠✠✠✠✠✠✠✠✠✠✠✠✠✠✠✠✠✠✠✠✠✠✠✠✠✠✠✠✠

CHAPITRE VII

RÉVOLUTION DE 1789. — ÉPOQUE CONTEMPORAINE

Administration municipale avant la Révolution. — Syndics et maires. — L'église est dépouillée de ses biens. — Le serment du clergé. — Garde nationale. — Prétendue mine d'or. — L'abbé Rousselin. — La commune sous le Iᵉʳ Empire. — Gardes-côtes. — Visite de Napoléon Iᵉʳ. — M. Carbonnel. — Interdiction de pêcher. — Armement. — M. l'abbé Sence. — MM. de Larbre père et fils, Paumelle, Thieullent. — La reine Hortense. — Singulière découverte. — Pauvreté de la commune en 1816. — Deux projets de transformation. — Etablissements maritimes. — Autre transformation. — Aspect de la plage en 1838. — Projet d'établissement de bains. — On demande un million de francs. — Le village devient à la mode. — M. Alphonse Karr et sa barque. — M. Eugène Sue. — Mᵐᵉ de Girardin. — MM. Brongniart, Keraudran. — M. Lesueur à Sainte-Adresse. — Les familles Lesueur, Moullin et Berryer. — Révolution de 1848. — Prétendue conspiration. — Chronologie des faits principaux, depuis cette époque.

L'Administration communale, dans les campagnes, ne commence guère avant la Révolution. Cependant, il y existait auparavant une sorte de municipalité, germe de celle qui a été établie en 1790. Cette municipalité ou assemblée de notables, chargée de répartir l'impôt et d'entretenir l'église, était composée du seigneur ou du curé, d'un syndic et de trois, six ou neuf membres choisis par les habitants payant cinq, neuf ou onze livres d'impôts, suivant l'importance de la paroisse.

Cette organisation existait à Sainte-Adresse dès le milieu du xviiie siècle. Jean Melai, en 1759, et Guillaume Liard, de 1771 à 1790, étaient syndics. La Révolution a profité de ces institutions en les remaniant, suivant les idées nouvelles ; la transition, dans les environs du Havre, s'est opérée sans bruit ni résistance. C'est ainsi que Guillaume Liard se trouva le premier investi des fonctions de maire, poste qu'il a occupé jusqu'au 25 décembre 1792. Plus tard, il a été élu adjoint au maire, et il est mort à Sainte-Adresse, le 28 avril 1806, âgé de 65 ans. Sa famille y habite encore.

Par suite de la nouvelle organisation, le corps municipal de Sainte-Adresse, commune ayant moins de 500 habitants, se trouva composé du maire et de deux membres élus par tous les citoyens. Le conseil général de la commune comprenait : les trois membres du corps municipal, six notables, élus de la même manière, et un procureur de la commune ou agent national, chargé des affaires locales.

Voici quelques noms pris au hasard parmi

ces fonctionnaires : Mathieu Poyé, gardien des phares ; Etienne Freger, pêcheur ; Etienne-Thomas Lemoine, laboureur, et Jean-Pierre Thieullent, tuilier, officiers municipaux ; Simon-François Richer, procureur de la commune ; Adrien Leseigneur, négociant, agent municipal, le seul membre du collège électoral départemental en 1810 (1).

M. Jean-Baptiste Angammare a succédé à M. Liard. Elu maire le 25 décembre 1792, il a conservé ces fonctions jusqu'au 11 juin 1800, et a été remplacé par M. Adrien Leseigneur, déjà nommé ; celui-ci n'a exercé que pendant deux ans, jusqu'au mois de mai 1800. Son successeur, M. Jean-Philippe Lemaître, a occupé ce poste jusqu'en 1810, avec Etienne-Thomas Lemonnier et Jean-Baptiste-Jacques Fremont pour adjoints successifs.

En même temps que la commune s'organisait, la paroisse recevait une institution nouvelle. Un décret du 29 avril 1790 enlevait à la Fabrique de l'église l'administration de ses biens et la transmettait aux administrateurs du district. Ces biens se composaient, indépendamment du presbytère

(1) En 1828, M. Ursin-Guillaume Lemonnier, briquetier à Sainte-Adresse, était le seul électeur, comme payant 300 fr. d'impôts.

et de la maison vicariale, de plusieurs maisons et de trois acres de terre louées 100 livres.

La rétribution du curé ne devait plus être acquittée en nature, au moyen de la dîme, mais en argent.

La fameuse loi du 12 juillet 1790, sur la constitution civile du clergé, proclamait le principe d'élection ecclésiastique et fixait à 1,200 livres le traitement des curés dans les paroisses ayant moins de 1,000 habitants.

Enfin, la loi du 27 novembre 1790 prescrivait aux ecclésiastiques d'accepter par serment la constitution civile du clergé. M. de Beaugrand, curé de Sainte-Adresse au moment de la Révolution, l'avait acceptée et prêté le serment ; il est resté curé constitutionnel de Sainte-Adresse jusqu'à sa mort, arrivée à l'âge de 83 ans, le 18 brumaire an V, et il eut pour successeur M. Carpentier.

Les tribulations n'avaient pas manqué à M. de Beaugrand. En 1792, des *Chauffeurs* lui avaient brûlé les pieds pour le contraindre à révéler ses économies. N'ayant pu réussir à découvrir la cachette, placée dans un faux volume de la bibliothèque, les *Chauffeurs* s'étaient retirés en enlevant les objets les plus précieux (1).

La garde nationale de Sainte-Adresse fut

(1) Ch. Vesque, *Histoire des rues du Havre.*

chargée de garder les batteries de l'Epi et des Briqueteries, lorsque la troupe devint insuffisante. La garnison du Havre ayant quitté ses postes le 9 avril 1793, M. Grégoire, chef de la première légion, donna l'ordre au prévôt commandant à Octeville, de faire occuper par les hommes de son cantonnement, les postes qui se trouvaient depuis la Hève jusqu'à Octeville, avec la consigne d'empêcher les attroupements séditieux et les débarquements ennemis. Ces individus se firent remarquer par leur zèle, un peu excessif même. Un jour, c'était le 23 août 1791, les habitants de Sainte-Adresse avaient arrêté quatre personnes qui voulaient s'embarquer sur un paquebot anglais. Mandés devant les officiers municipaux du Havre, ces prétendus suspects déclarèrent qu'ils quittaient la France, effrayés par la tournure que prenaient les événements (1).

Au mois d'août 1793, M. Grégoire adressait ses félicitations aux gardes nationaux de Sainte-Adresse, pour leur zèle à concourir à la tranquillité et à la sûreté publiques ; il les invitait à persévérer, persuadé qu'après l'achèvement des travaux agricoles, le service des postes s'accroîtrait encore autant que possible. D'ailleurs, à cette époque et notamment en 1794, presque tous les pavillons des environs du Havre étaient occupés

(1) Note de M. Ch. Vesque.

par des troupes, ce qui obligeait les bourgeois
à passer l'été en ville. On craignait aussi des
visites de la part des Anglais.

Plus tard, sur les observations du sous-
préfet du Havre, le général en chef de la 15ᵉ division militaire donna l'ordre de ne plus com-
mander les gardes nationaux de Sainte-Adresse
pour le service de la côte, et ils furent remerciés
le 31 janvier 1802, par M. Faure, sous-préfet du
Havre, pour le zèle qu'ils avaient constamment
montré dans l'accomplissement de ce service.

Ajoutons que la côte était hérissée de batteries ; on en comptait huit depuis le cap de la
Hève jusqu'à la jetée du Nord.

C'était la mode, sous la première Révolution,
de faire disparaître tous les noms, tous les signes
qui rappelaient, soit la religion, soit la royauté.
On avait cru reconnaître dans le nom de Sanvic
un dérivé de Saint-Vic, et la municipalité y avait
substitué celui-ci de Bonne-Santé.

La désignation de Sainte-Adresse, malgré
son origine profane, fit place à celle de *commune
du cap de la Hève*, à partir du 23 novembre
1794. Mais tous ces changements bouleversaient
l'administration du district de Montivilliers qui,
le 29 novembre 1794, résolut de revenir aux
anciens noms, pour éviter les erreurs et les in-
convénients qui se produisaient. En conséquence,
le 10 janvier 1795, la municipalité reprit

l'ancien nom de *Sainte-Adresse* pour ne plus le quitter.

A cette époque, un farceur se moqua des habitants de Sainte-Adresse, en prétendant que l'on avait découvert dans cette commune une véritable *Californie*. On lit à ce sujet dans la *Revue du Havre*, du 14 juillet 1844 : « Un jour, « c'était sous la République, la commune de « Bléville, administrée par les béotiens-munici- « paux de l'époque, écrivit sérieusement au dis- « trict de Montivilliers cette singulière épître :

« Citoyen District, la République est sauvée; « on vient de découvrir que dans la ci-devant « paroisse de Sainte-Adresse, aujourd'hui com- « mune du cap de la Hève, il existe des *mines* « *d'or* et une infinité d'autres choses précieuses ; « nous t'en donnons avis, citoyen District, afin « que tu prennes des précautions à l'avenant.

Le citoyen District, qui tournait aussi à la Béotie, ajoute M. Morlent, en écrivit à la muni- cipalité du Havre, comme il lui avait écrit quel- ques jours auparavant, que l'on avait trouvé, pendant la décade précédente, sur le territoire d'Epouville, une terre qui avait la propriété de blanchir le linge et de remplacer le savon. Dans ces temps de liberté et d'égalité, on manquait d'espèces et de savon; la double trouvaille pouvait donc avoir son prix ; mais, hélas! on s'approcha un peu de ces mirobolantes découvertes, et l'on vit au fond du sac une double mystification.

L'année 1802 a été signalée par le rétablissement du culte catholique. Le 13 août, M. J.-B.-Sylvestre Rousselin, ancien choriste de l'église de Saint-François, surnommé le *Charbonnier*, à cause de la profession qu'il avait exercée pendant la Révolution, arriva à Sainte-Adresse en qualité de prêtre desservant. Pendant vingt-deux mois, il resta à la charge des habitants, sans indemnité du gouvernement; puis, il eut 500 fr. au lieu des 1,700 livres affectées avant la Révolution au traite-du curé. M. Rousselin a quitté Sainte-Adresse au mois d'août 1811 et est mort à l'âge de 86 ans, curé de Rolleville.

L'église de Sainte-Adresse, par suite du Concordat, ne rentra en possession que d'un terrain vague valant quelques centaines de francs, et d'une rente irrecouvrable; c'était tout ce qui restait de l'ancienne dotation ecclésiastique, c'est-à-dire d'un revenu de 439 livres, non compris le presbytère. Il n'y avait plus d'ornements pour l'exercice du culte.

Pendant tout le premier Empire, le littoral de Sainte-Adresse a été occupé par des canonniers gardes-côtes, plusieurs étaient logés au manoir de Vitenval. La treizième compagnie, notamment, était établie dans cette commune en 1805, 1806 et 1809.

Tout débarquement clandestin était impossible en présence d'une surveillance aussi active; M. Morlent avait, néanmoins, fixé à *Bléville* le lieu de descente de Pichegru, Moreau, Cadoudal, venus d'Angleterre, en 1804, pour conspirer contre le premier Consul.

Il est vrai que le *Moniteur officiel* avait prêté un peu à cette méprise. En rappelant les trois débarquements opérés en 1803 et 1804, ce journal rapportait que le premier avait eu lieu le 21 août 1803, au pied de la falaise de *Béville*, et qu'il comprenait huit conjurés, dont Georges Cadoudal; le deuxième avait été opéré entre le 10 et le 20 décembre de la même année, au pied de la même falaise; le troisième avait mis à terre les généraux Pichegru, Lajollais et Jules de Polignac.

Le *Moniteur officiel* avait mal orthographié le nom du pays voisin de la falaise, en écrivant *Beville* au lieu de *Biville-sur-Mer*. Le ministre de la justice indiquait, sans préciser autrement, l'endroit du débarquement entre Dieppe et le Tréport, dans le compte rendu adressé au premier Consul. Néanmoins, M. Morlent avait traduit *Bléville* et imaginé un récit digne de figurer à côté de *l'épisode historique du xve siècle* (Eva de Vitenval). M. Thiers a rétabli la vérité sur ce point, en rapportant le procès du complot de Pichegru; les trois débarquements ont été opérés à *Biville-sur-Mer*.

Sainte-Adresse, ou plutôt la Hève, reçut, au mois de mai 1810, la visite de Napoléon Ier, venant de Dieppe, le cœur serré à la vue des côtes cernées par les Anglais. S'étant dirigé avec son escorte sur la falaise, l'Empereur vit la rade sillonnée de bâtiments ennemis. « Toujours des « Anglais, s'écria-t-il ; retournons au Havre. » Puis il travailla à la rédaction de plusieurs décrets et, en outre, à tracer sur plans, divers forts détachés sur les hauteurs d'Ingouville et de Sainte-Adresse; mais qui n'ont pas été exécutés. On prétend que, de son côté, l'Impératrice allait pêcher, et qu'à la table impériale figurait un magnifique produit de cette pêche.

Le 24 janvier 1812, le gardien de la batterie de la Hève découvrit, dans les basses falaises, le cadavre du colonel Carbonnel, commandant l'artillerie du Havre, que des chagrins domestiques avaient poussé à un acte de désespoir, le 12 janvier précédent.

A cette époque, le rivage de Sainte-Adresse était l'objet d'une surveillance sévère ; le 20 janvier 1813, on avait défendu aux pêcheurs d'enlever du poisson ou de tendre des filets, les factionnaires avaient pour consigne de tirer sur les contrevenants.

Cette surveillance était nécessaire, car la commune eut été dans l'impossibilité de repousser un débarquement. En effet, d'après un inventaire dressé le 20 septembre 1813, la mairie de Sainte-Adresse possédait : Cinq fusils avec baïonnettes, à réparer, quatre fusils sans baïonnettes, deux fusils sans capucines et un fusil sans chien ni baïonnette, c'est-à-dire douze armes de guerre inutilisables.

La municipalité et la fabrique de l'église de Sainte-Adresse ont été réorganisées en 1811. Au mois d'août, M. l'abbé Sence remplaçait M. l'abbé Rousselin et voici quelques renseignements biographiques sur ce prêtre et ceux qui lui ont succédé :

M. l'abbé Joseph Sence était, avant la Révolution, novice chez les Bénédictins de l'Abbaye du Bec, où il se proposait de faire profession. Dérangé dans sa vocation par la fermeture de l'Abbaye, il s'était fait maître d'école à Fécamp, où il vécut très-régulièrement pendant tout le temps de la Révolution. Le Concordat l'ayant trouvé prêt à entrer dans les saints ordres, il fut l'un des premiers prêtres ordonnés par le cardinal Cambacérès, archevêque de Rouen. Il avait, d'abord, été -vicaire à Ingouville, puis nommé desservant de Sainte-Adresse, où il resta jusqu'en 1821.

M. l'abbé Sence quitta cette paroisse après quelques difficultés avec la population. Cet ecclésiastique, rapporte M. l'abbé Cochet (1), était

(1) *Bulletin d'Etretat*, 24 juillet 1862.

un excellent prêtre, mais un mauvais curé ; né
pour la vie religieuse, il porta dans la vie séculière
et pastorale les habitudes et les idées du cloître.
Fort instruit, d'ailleurs, il a préparé l'éduca-
tion d'une trentaine de jeunes gens, dont quinze
prêtres. M. l'abbé Cochet fut l'un de ces derniers.
M. Sence est mort curé d'Etretat, le 4 avril
1829.

Il eut pour successeur à Sainte-Adresse, M.
l'abbé Jean-Pierre Cadalen, originaire du départe-
tement du Tarn, mort le 16 février 1837, âgé de
75 ans. M. l'abbé Thirion l'a remplacé, de 1838
à 1840, et M. l'abbé Duval-Pirou a occupé ce
poste jusqu'en 1870.

En même temps que M. l'abbé Sence arrivait
à Sainte-Adresse, M. De Larbre était installé maire
avec M. J.-B.-Jacques Fremont pour adjoint.
M. Charles-Amand De Larbre appartenait à une
famille de négociants havrais, alliés aux Limozin,
Costé, Ancel ; il avait fait don d'un navire à la
République, ce qui ne l'avait pas empêché d'être
arrêté comme suspect, dit M. Vesque ; il fut
administrateur de l'Hôpital général du Havre
pendant plus de vingt ans et avait été fait chevalier de la Légion d'honneur.

M. De Larbre, installé maire de Sainte-
Adresse, le 27 octobre 1811, a été réélu le 2 mai
1813 et le 12 mai 1815, pendant les Cent-Jours.
Il est mort à Sainte-Adresse, le 15 juillet 1818,

près de la Broche-à-Rôtir, dans un pavillon qu'il habitait depuis plus de 30 ans.

Son fils, M. Julien De Larbre, remplaça son père à la Mairie de Sainte-Adresse jusqu'en 1827; il est mort dans cette commune, le 3 juillet 1829.

M. Thomas-François Paumelle, né à Saint-Jouin le 1er avril 1770, a succédé à M. De Larbre fils, jusqu'à sa mort, arrivée le 30 novembre 1837; il avait eu M. Fremont pour adjoint, et pour successeur, M. François-Isidore Thieullent, qui s'est acquitté de ses fonctions pendant près de 30 ans, c'est-à-dire jusqu'en 1866.

MM. Jean-Anastase Boulard, Jean-Marie Verspecke et Jules Alleaume ont successivement occupé le poste de maire après M. Thieullent.

La chute de l'Empire et le rétablissement de la Monarchie n'ont guère fait de bruit dans la petite commune de Sainte-Adresse; le 14 octobre 1814, la municipalité alla au Havre prêter serment de fidélité au roi Louis XVIII.

Cependant, les habitants de ce village reçurent une visite royale en 1814 (1). Hortense de Beauharnais, ex-reine Hortense, vint au Havre, le 8 septembre 1814, pour quelque jours seulement, et d'après les mémoires de Mlle Cochelet, sa lectrice, elle fit incognito quelques excursions dans les environs et repartit le 18 septembre.

(1) *Revue du Havre*, 20 décembre 1843.

« Nous allâmes, rapporte Mlle Cochelet, visiter,
« avec Mme Feray, du Havre, la délicieuse vallée
« de Sainte-Adresse où celle-ci avait un petit
« ermitage (1). C'est une vallée de la Suisse ayant
« pour lac l'Océan. »

La commune de Sainte-Adresse était peu
importante au commencement de ce siècle; le bud-
get de 1803 n'atteignait pas 200 fr.; on comptait,
en 1807, 600 habitants qui payaient 4,375 fr.
d'impôts dont 39 fr. pour les patentes. En 1823,
les 640 habitants acquittaient 5,636 fr. d'impôts,
dont 80 fr. pour les patentes. Cette population,
composée de journaliers, la plupart ambulants, et
de 3 tisserands en toile, était donc fort pauvre; elle
forme un contraste frappant avec celle qui l'occupe aujourd'hui.

Avant que ce village eut atteint sa prospérité
actuelle, il s'était présenté deux alternatives, deux
projets de transformation bien différents : l'un
utile, l'autre agréable.

(1) C'est dans cette propriété que l'on a trouvé, en
1842, une cachette fort singulière, composée de monnaies d'argent et de cuivre aux effigies de Henri II,
Henri III, Henri IV, Louis XIII et Louis XIV, avec
une médaille sur laquelle on lisait : Teinturerie Ducaret,
bon teint ; le tout renfermé dans une cruche en terre.
Cette trouvaille, mentionnée dans la Revue du Havre,
n^os des 6 et 13 juillet 1845, nous paraît être une mystification grossière semblable à celles déjà signalées.

Tout d'abord, on avait essayé de restituer au village de Sainte-Adresse, à l'ancien Chef de Caux, l'importance maritime qu'il avait eue au moyen âge. Dès 1808, l'ingénieur de Gaulle conçut le projet d'établir un port entre l'Eclat et la falaise, pour servir de refuge aux grands navires, défendre le port du Havre, et empêcher le galet d'encombrer le chenal et de dégrader la falaise. Il proposait de construire sur le banc un mur circulaire garni de canons, et d'élever dans l'enceinte : une caserne, des poudrières, des magasins aux agrès et apparaux pour le radoub des navires. On aurait construit trois digues contre lesquelles les vaisseaux se serait trouvés à quai ; une autre digue, partant du pied de la falaise, aurait formé une batterie de 18 canons.

Ce projet, qui rétablissait artificiellement l'ancien promontoire et supprimait la passe nord-ouest, fut abandonné et repris par M. Bailleul, en 1837, à la suite de nombreux désastres causés par la mer. Le 11 janvier 1831, la Hève, en s'éboulant, avait occasionné des dégâts évalués à 9,000 fr., détruit un corps de garde, un jardin de batterie et quelques cabanes de pêcheurs. A cette époque, le maire de Sainte-Adresse avait demandé le rétablissement des six épis autrefois construits sur la plage.

En 1834, une large bande de terrain disparaissait dans les flots, anéantissant des briquete-

ries et des tuileries, le long du rivage. En 1835 et
en 1836, la mer menaçait de détruire une langue
de terre qui séparait la plage de la *Mare aux
Huguenots* et de creuser une large trouée qui
aurait inondé les plaines de Graville, en tournant
la ville, ce qui eut réalisé la prophétie de M. de
Lamblardie.

Convaincu du danger, le Préfet de la Seine-
Inférieure fit construire une estacade qui coûta
32,000 fr., mais que personne ne voulut payer.
Le syndicat, composé des maires du Havre, d'Ingouville, Sanvic et Sainte-Adresse, refusa également, en prétendant ne pas être chargé de défendre
le rivage, propriété domaniale.

Il fallait attaquer le mal à son origine, et non
le combattre après qu'il s'était développé ; c'est
dans ce but que M. Bailleul reprenait, en 1837,
le projet de M. de Gaulle, de réunir l'Eclat à la
falaise.

Ce projet était basé sur des données historiques très-instructives. Si, au moyen-âge, le Chef
de Caux s'étendait au loin dans la mer, c'est que
le courant de la marée montante, étant porté au
large par la saillie du cap et la résistance des eaux
renfermées dans la baie de Sainte-Adresse, le
galet était entraîné sur le banc d'Amfar.

Pour empêcher le galet d'encombrer la petite
rade et l'entrée du port, il fallait, suivant M. Bailleul, établir une jetée solide, appuyée sur le banc

de l'Eclat, pour remplacer l'ancienne saillie du Chef de Caux et détourner le courant.

A l'objection qu'il serait imprudent de rétablir ce que la nature avait détruit, M. Bailleul répondait : Nos falaises, et spécialement celle du cap de Caux, sont composées de calcaires très-tendres qui, ne résistant pas aux infiltrations et aux gelées, occasionnent les éboulements, nullement provoqués par le choc des vagues. La digue de la Hève aurait reçu l'appui du galet et eut été exécutée en pierres perdues.

M. Bailleul demandait sept millions et demi de francs pour la digue et les épis du banc de l'Eclat. Ce sacrifice énorme eut été compensé par a protection du littoral, la création, dans la baie de Sainte-Adresse, d'une rade sûre, mesurant 11,000 mètres de long, sur 2,500 mètres de large, couverte à l'est et au nord par la côte d'Ingouville et le cap de la Hève, à l'ouest par la digue de l'Eclat, et au sud par une digue sur le banc des hauts de la rade ; on aurait pu établir à terre, des quais, des chantiers et enfin un fort sur l'Eclat.

Le port du Chef de Caux renaissait de ses ruines, si ce projet avait été exécuté. L'idée de M. Bailleul ne fut pas écartée tout d'abord ; on chercha pendant plusieurs années, jusqu' en 1846, à profiter de la situation de Sainte-Adresse pour créer de grands établissements maritimes et militaires.

En juin 1841, le vice-amiral Baudin s'occupa de l'agrandissement du Havre et des établissements du banc de l'Eclat. Trois projets étaient en présence; l'un, notamment, adopté par les conseils municipaux de Sainte-Adresse et de Sanvic, avait pour objet un avant-port au nord-ouest du Havre ; mais il ne fut pas agréé.

Les études se poursuivirent d'abord activement. Au mois de décembre suivant, la commission d'enquête, élue par la Chambre des Députés, émettait le vœu que le gouvernement fit établir un *brise-lames sur le banc de l'Eclat.* En janvier 1842, les Ponts et chaussées dressèrent les plans d'un fort de quatre-vingt-dix canons sur l'Eclat; puis la question fut renvoyée aux calendes grecques. Mais, en 1845, la commission des projets de défense du port du Havre conclut à la construction en mer, à des distances de la côte variant entre 1,800 et 4,000 mètres, de quatre forts en maçonnerie, placés le plus au nord sur le banc de l'Eclat; la création, entre le banc de l'Eclat et la côte, d'une rade de refuge; l'occupation de la Hève par un ouvrage fermé, et au pied de la Hève, une forte batterie pour défendre la passe nord de la rade. Les dépenses étaient estimées à 50 millions de francs.

En mars 1846, deux projets de loi, portant un crédit de 37,000,000 fr., furent présentés à la Chambre des Députés. Le ministre de la guerre

demandait pour les quatre forts en mer 4,400,000
francs . . . . 4,400,000 fr.

    Pour le fort de Sainte-
Adresse . . . . 2,100,000 »

    Pour le fort de Sanvic . 1,450,000 »

    De son côté, le ministre des Travaux publics
réclamait :

    Pour le môle de l'Eclat . 2,960,000 fr.

    Pour la base du fort de
l'Eclat . . . . 2,350,000 »

Des députés se rendirent au Havre, à la fin
de mars 1846, et sans doute l'impression qu'ils
ressentirent ne fut guère favorable, car tous ces
projets ont été abandonnés, et en même temps,
pour Sainte-Adresse, l'espoir de devenir un endroit important. C'est alors qu'il se produisit,
dans un autre sens, une transformation relativement considérable, si l'on se reporte à l'aspect
présenté par ce village vers 1840.

La plage de Sainte-Adresse était inhabitée ;
les étrangers allant visiter les phares, la traver-
saient sans s'y arrêter. On y remarquait cependant, à mi-côte, une modeste auberge, une cour
sans élégance et quelques bâtiments, dont le seul
un peu digne d'attention, était un petit pavillon
lézardé, enrichi d'une table vermoulue et de trois
ou quatre escabelles, mais ayant l'avantage d'être
placé sur le bord de la mer.

Pauvre comme la cabane du pêcheur, isolé comme un pic détaché de la falaise, ce réduit était de toutes les dépendances de l'hôtel de Sainte-Adresse, celle que préféraient en général les promeneurs. Durant les beaux jours, on se disputait sa possession ; le voyageur qui s'y reposait n'avait jamais à regretter le repas et le temps qu'il y avait passé.

Cette simple auberge, ce pauvre réduit, ces modestes tables que tant de chasseurs et de pêcheurs affamés avaient trouvés splendides, furent tout à coup menacés par un projet grandiose, trop considérable pour obtenir le succès et la confiance des capitalistes.

Un hardi innovateur se proposait, en 1837, de transformer tout cela en palais ou casino, avec parterre accidenté, semblable peut-être au parc si pittoresque des Buttes-Chaumont, à Paris, et qui eut rivalisé de nos jours avec ceux de Trouville ou des autres villes d'eaux.

M. Massas, dans les *Archives du Havre*, en mars 1838, essaya vainement, disons-le tout de suite, d'entraîner les souscripteurs.

« C'est une bien riante idée, dit-il, que celle
« des bains de Sainte-Adresse, le plan qu'elle a
« inspiré, le prospectus, tout est magnifique. Par
« malheur, ce sont les seules réalités connues du
« public...; il manque un million..... Pourtant,

« nous avons foi dans l'exécution de ce projet,
« parce que deux beaux salons de jeu seront
« ouverts dans l'établissement et qu'en aucun au-
« tre lieu, le site, la mer, les bains enfin, préludes
« ordinaires de ces établissements de luxe, ne
« présenteront plus d'attrait.

« Un site admirable, des éboulements d'un
« effet pittoresque formeront le jardin anglais
« naturel.

« Le bâtiment principal, élevé à quarante-
« cinq pieds au-dessus du niveau de la mer,
« aura : rez-de-chaussée, deux étages avec ailes,
« salles de jeu, cour d'honneur, terrasse semi-
« circulaire sur la mer ; le tout dans le style de la
« Renaissance et orné de statues. »

Malgré cette réclame et l'appui des magistrats municipaux qui avaient applaudi à cette
entreprise, les listes de souscription restèrent à
peu près blanches; cependant, il s'agissait de spé-
culer sur les plaisirs et les passions des hommes,
c'est-à-dire, ajoute M. Massas, qu'il n'y a pas de
placement plus sûr et plus avantageux. Décou-
ragé, l'auteur de cette entreprise est allé, en 1849,
chercher fortune en Californie.

Toutefois, l'idée n'avait pas été perdue. En
1846, on a établi au même endroit, mais
plus modestement, l'hôtel des Bains de Sainte-
Adresse, qui a subsisté jusque dans ces derniers
temps.

Le pavillon offrait un genre de construction curieux et inusité. Les murailles étaient construites en galets de mer, agglomérés avec mortier de chaux ; ce qui formait des murs d'une seule pièce.

Cette entreprise, restée longtemps improductive, était souvent menacée par les tempêtes. Les événements de février 1848 ont achevé sa ruine ; mais l'établissement a été rouvert en 1851 et n'a été démoli que récemment.

Sainte-Adresse est devenu peu à peu un village à la mode, grâce surtout à l'initiative d'un homme d'esprit à qui Etretat doit aussi sa prospérité : Alphonse Karr fut pendant dix ans un habitant utile et dévoué pour cette commune, par l'influence dont il disposait en haut lieu et dans le monde des lettres.

Avant 1841, M. Alphonse Karr passait la belle saison à Etretat. Mais un jour, il changea d'allures et transporta ses pénates ailleurs. En février 1841, au retour d'un voyage en Angleterre, il se rendit à Sainte-Adresse, acheta une maison de campagne et l'habita aussitôt (1).

Le 4 octobre 1841, il fit baptiser une

(1) Cette habitation, située à l'angle de la rue de la Mairie et de la rue du Havre, a ensuite appartenu à MM. Laude et Camau.

barque ; et voici le récit d'un témoin de cette petite fête (2) :

A quatre heures, on vit arriver un homme de trente-cinq ans, suivi d'une foule bruyante et joyeuse.... On se découvrait sur son passage, et il pleuvait des « bonjours M. Alphonse Karr.» Le spirituel parrain, donnant le bras à la marraine, était coiffé d'un bonnet de laine, pantalons à raies bleues et noires, grosse chemise, gros souliers ; il portait sur sa poitrine une médaille de sauvetage. M. Alphonse Karr est de taille moyenne, ses traits, fortement accentués, annoncent une énergie peu commune, sa barbe est longue et quelque peu inculte.

Le clergé s'avança bientôt, descendant lentement le chemin caillouteux conduisant à la mer ; le cortège arrivé près de la barque néophyte, M. l'abbé Duval, nouvellement en possession de la cure, lut un petit discours de sa composition, très-convenablement écrit ; puis il demanda au parrain quel nom il voulait donner à la barque. — *La Guêpe de Sainte-Adresse*, répondit-il. Le pasteur fit plusieurs fois le tour de la barque en l'aspergeant d'eau bénite, et la cérémonie s'acheva dans un pieux recueillement.

Accompagné comme à son arrivée, Alphonse

(2) *Revue du Havre.*

Karr reprit le chemin du village, causant affectueusement et simplement avec ceux qui l'approchaient.

M. Alphonse Karr a été conseiller municipal de Sainte-Adresse dès le mois de juillet 1843, candidat au conseil d'arrondissement en 1849, membre d'une commission organisée pour la défense de la plage; il fit également partie du comité des Régates du Havre et d'Ingouville en 1849 et en 1850. C'est dans son ermitage de Sainte-Adresse qu'il a reçu, en 1845, la croix de la Légion d'honneur.

M. Eugène Sue, l'auteur des *Mystères de Paris,* avait, au mois d'août 1847, loué à Sainte-Adresse un pavillon dans lequel il se proposait de passer l'hiver suivant, afin de travailler à un grand ouvrage. A la même époque, Mme de Girardin était venue s'enfermer pendant deux mois, dans un joli pavillon de Sainte-Adresse, pour mettre la dernière main à sa tragédie de *Cléopâtre,* représentée, pour la première fois, le 13 novembre 1847.

Le maréchal Soult, le général Cavaignac, le poëte Mathieu, la comtesse de Montébello ont aussi habité le village de Sainte-Adresse. Alexandre Dumas fils s'installa, en 1853, dans la résidence d'Alphonse Karr, abandonnée de son propriétaire ; il y a écrit un de ses drames les plus célèbres : *Le Fils naturel.*

On lit dans la *Revue du Havre*, du 11 octobre 1846 : « Les étrangers nous envient notre village de Sainte-Adresse. Un riche anglais vient de faire l'acquisition, sur les coteaux de l'Est de cette commune, d'un grand terrain sur lequel il se propose de reproduire un château qu'il possède en Angleterre. »

Ce projet fut abandonné. Il est à noter que les Anglais ont, depuis un demi-siècle, affectionné ce village. Nous citerons, notamment, Robert Gore, capitaine de vaisseau anglais (1832) ; Jean Campbell, capitaine d'infanterie anglaise ; les ministres Guillaume et William Gore, et le ministre Sarwtell (1838).

Sainte-Adresse attire non-seulement le monde littéraire et élégant, mais encore le monde scientifique, qui profite des éboulements de la Hève pour arracher à la terre les secrets de ses premiers âges.

L'abbé Dicquemare avait donné l'idée d'élever au pied de ces falaises, une sorte de ménagerie d'animaux marins, un aquarium, d'après l'expression aujourd'hui acceptée. Ce projet n'a pas été suivi ; d'ailleurs, l'abbé Dicquemare n'a jamais été encouragé par ses concitoyens.

Au mois d'août 1840, le célèbre minéralogiste, Alexandre Brongniart, étudia principalement le cap de la Hève, dans les déchirures duquel il découvrit des fossiles très-curieux.

M. Lesueur, naturaliste havrais, a étudié la Hève dans ses moindres détails, notamment au mois d'octobre 1841, en compagnie du docteur Keraudran. Nous lisons dans la *Revue du Havre,* n° du 19 décembre 1841 : « Depuis un mois, les éboulements se multiplient tellement que l'on craint pour les phares dans quelques années. La dernière catastrophe a mis à nu les fondations de briques de l'ancienne batterie de la Hève, et c'est dans la dernière couche de glaise, au-dessus du niveau de la mer, que M. Lesueur a trouvé un os d'*Ichtiosaurus communis*, animal dont l'espèce a disparu du globe et qui tenait à la fois du poisson et du crocodile ; cet os a deux pieds huit pouces de longueur. M. Lesueur a aussi découvert quelques portions d'os de mâchoires et de vertèbres de trois pouces et demi de diamètre, supposés appartenir au même animal. Il a découvert une belemnite de six à sept pouces de longueur, provenant d'une race de sèche énorme, dont l'espèce est également perdue. »

D'autres savants ont, depuis, fait des découvertes aussi intéressantes. M. Wanner a trouvé, dans les mêmes parages, une mâchoire de poisson appartenant au genre *Girodus* ; c'était la première fois que ce spécimen se rencontrait sur notre littoral. M. Lennier a découvert la magnifique tête d'Ichthyosaure, déposée au Musée du Havre, et beaucoup d'autres fossiles remarquables dans l'étage Kimmeridgien, c'est-à-dire au niveau de la mer.

M. Lesueur, nommé conservateur du Muséum havrais, vint habiter Sainte-Adresse dès 1844. Il y est mort presque subitement, le 12 décembre 1846, chez M. Berryer, son neveu, à peu de distance de l'ancien manoir de Vitenval.

Cet homme, qui avait parcouru le monde et passé presque toute sa vie loin de son pays, au milieu des dangers continuels, a reposé, d'abord, dans le modeste cimetière de Sainte-Adresse, dans cette commune où il passa sans doute ses premières années. Il a reposé peut-être à côté de ses ancêtres, qui ont habité ce village depuis plus de deux siècles, et aujourd'hui, ses restes se trouvent dans le nouveau cimetière, sous un mausolée élevé à sa mémoire par ses nièces.

Cet homme, qui a été regretté à Paris, à Londres, à Philadelphie, mérite bien quelques lignes de biographie dans ce livre, destiné à rappeler aux générations présentes et futures, les anciens habitants de Sainte-Adresse qui ont illustré leur pays, et les événements auxquels ils ont été mêlés.

M. Charles-Alexandre Lesueur, né au Havre, le 1er janvier 1778, fils de J.-B.-Denis Lesueur, s'embarqua au Havre, en 1800, sur le *Géographe*, commandé par M. Baudin, pour un voyage d'exploration. Pendant la traversée, Lesueur, nommé dessinateur, se lia d'amitié avec

Péron, chargé de la zoologie, et dès lors, les deux amis se prêtèrent un mutuel concours qui tourna au profit de la science.

M. Lesueur revint en France en 1804, et s'occupa, jusqu'en 1810, avec Péron, de classer les richesses recueillies pendant le voyage. Napoléon Ier lui accorda, comme récompense, une pension de 1,500 francs.

Un prince allemand, ami de Péron, envoya à Lesueur une médaille d'or en reconnaissance de l'éloge biographique qu'il avait publié à la mémoire de son ami.

M. Lesueur se rembarqua pour les Etats-Unis en 1816, voyagea chez les peuplades de l'Ouest, de 1817 à 1819, et se procura des collections pour le muséum de Paris. De 1820 à 1825, il séjourna à Philadelphie, recueillit une collection de tortues dont il a dessiné et gravé sur cuivre toutes les variétés. Il a aidé puissamment aux développements des sociétés savantes qui se sont formées dans cette ville.

M. Lesueur contribua, de 1825 à 1836, à la fondation de la colonie de New-Harmony, aux Etats-Unis. Le promoteur de cette colonie socialiste, voulant s'assurer un homme initié aux détails de la vie primitive, obtint le concours de Lesueur.

Grâce à son dévouement, les colons apprirent à tirer parti des ressources du sol pour bâtir leur ville. Et quand la fortune du promoteur eut disparu dans cette entreprise, Lesueur fut encore le soutien de la colonie en lui créant des relations commerciales avec la Nouvelle-Orléans.

La colonie de New-Harmony s'étant transformée en une ville entièrement semblable aux autres, Lesueur n'était plus nécessaire ; il s'embarqua pour la France et débarqua au Havre, au mois de juillet 1836. A l'âge de 60 ans, il se fit enseigner l'art de la lithographie ; on a de lui un spécimen de son talent remarquable comme dessinateur sur pierre, c'est un tableau des vues et coupes du cap de la Hève, publié en 1843. La Société libre des Beaux-Arts de Paris lui décerna, le 12 mai 1844, une médaille d'argent ; puis la décoration de la Légion d'honneur fut le complément des distinctions qu'il avait si bien méritées.

M. Lesueur est mort sans postérité, et son nom s'est éteint avec lui. Sa sœur, Geneviève-Antoinette, avait épousé, en 1793, M. J.-B. Moullin, négociant, puis avocat et juge de paix au Havre, mort le 12 novembre 1832 (1). Après

(1) Lors du voyage de Napoléon Ier au Havre, en 1810, M, Moullin avait commandé la garde d'honneur qui escortait l'empereur, et en souvenir de cette circonstance, il reçut une magnifique bague or et diamants, au chiffre impérial, avec cette inscription sur l'écrin. « « Donné à J.-B.-Ant. Moullin, avocat, colonel de la « garde d'honneur du Havre, par S. M. Napoléon Ier, « le 31 mai 1810. »

son retour, M. Lesueur avait vécu à Sainte-Adresse, chez sa nièce, Mme Françoise-Geneviève Moullin, épouse de M. Jean Berryer, ancien avoué au Havre, de la famille du célèbre avocat de ce nom. Son autre nièce avait épousé M. François-Edouard Quesney.

Les représentants actuels de la famille Lesueur, indépendamment de la famille Vieillard, dont nous avons raconté l'alliance, sont Mme veuve Berryer, Mme Pellot et Mme veuve Lockart, née Berryer.

Revenons, après cette petite digression, à l'histoire contemporaine de la commune de Sainte-Adresse, bien que les faits à citer ne présentent pas un grand intérêt historique.

La Révolution de 1848 se fit ressentir dans les plus petites localités aussi bien que dans les grandes villes ; le nouveau gouvernement fut accueilli avec confiance par la municipalité de Sainte-Adresse. Le 22 mars, le Conseil municipal, où nous retrouvons encore Alphonse Karr, étant réuni sous la présidence du maire, s'occupa de la réorganisation de la garde nationale. Les *onze fusils*, reste de l'armement de la garde nationale instituée en 1831, ne pouvant suffire à armer 140 individus, on obtint 50 autres fusils.

Le même jour, le Conseil municipal déclara,

au nom des habitants de Sainte-Adresse, « adhé-
« rer au gouvernement de la République et adop-
« ter les principes de liberté, d'égalité et de
« fraternité dans le cercle respecté de la religion,
« de la famille et de la propriété. » Enfin, le
Conseil vota dix centimes additionnels pour créer
des ateliers de charité en faveur des ouvriers sans
travail. Il obtint ainsi plus de 800 fr. qui furent
employés à l'extraction du caillou.

Cette commune était déjà habitée par des
négociants et des petits commerçants qui y pas-
saient l'année entière, et en été, par un grand
nombre d'étrangers. Au mois de juillet 1848 (1),
des gens prétendaient que l'on avait découvert
une fabrique de poudre à Sainte-Adresse, et que
de ce charmant village, fort innocent en matière
de conspiration, on avait traîné dans les prisons
du Havre une douzaine de citoyens et citoyennes
prévenus d'avoir participé à cette fabrication et à
d'autres projets aussi noirs. Tous ces bruits
étaient inexacts et sans fondement.

Quatre ans après la déclaration républi-
caine de l'administration municipale de Sainte-
Adresse, un nouveau gouvernement obtenait
encore de meilleures sympathies de sa part.

A peine le coup d'Etat du 2 Décembre 1851

(1) *Revue du Havre*, 9 juillet 1848.

était-il connu, que la municipalité de Sainte-Adresse, « en reconnaissance des services rendus « à la France par le Président et par l'acte du « 2 Décembre, dont la France entière lui expri- « mait chaque jour sa gratitude, émettait le vœu « que la France, afin de sortir de l'état avilissant « où l'avait placée la catastrophe de Février 1848, « reprit son titre de première nation du monde, « d'où elle n'eut jamais dû descendre, et votait, à « l'unanimité, qu'un pouvoir solidement établi fut « dévolu au prince Louis-Napolé⟨ ⟩ ⟨ ⟩ le titre « d'Empereur et avec toutes les pr⟨ ⟩ ⟨ ⟩es dues « au chef d'un grand Etat comme la noble « France. »

Au mois d'octobre 1852, à la suite d'un attentat contre la vie du Président de la Ré-publique, le Conseil municipal avait voté une adresse de condoléance au prince, en « témoignant « sa profonde indignation contre les misérables « qui avaient conçu l'infernal projet d'attenter à « ses jours, et en priant la Providence de veiller « sur lui pour le bonheur de la France. »

L'Empire a été proclamé le 5 décembre 1852, sur la place publique, près de l'église, en présence du Conseil municipal, de la commission du Bureau de Bienfaisance et du desservant convoqués à cet effet. M. Thieullent avait été réinstallé maire, et M. J.-B.-Paul Frémont, adjoint, le 1er mai 1852.

Les faits postérieurs à cette époque sont encore trop récents pour être jugés par l'histoire ; aussi nous bornerons-nous à une chronologie des événements les plus marquants ; elle servira de points de repère au continuateur de ces annales :

1856, juin. — Une souscription faite à domicile dans la commune de Sainte-Adresse, en faveur des inondés de plusieurs départements, produit 819 fr.

1857, 27 juin. — Installation de M. Louis-Augustin Quesnel, comme adjoint au maire de Sainte-Adresse. M. Quesnel a occupé ce poste jusqu'au mois d'août 1860.

1858. — Adresse de félicitations à l'Empereur, pour avoir échappé à l'attentat du 14 janvier. Le Conseil municipal vote 50 fr. pour l'érection de la statue de Napoléon Ier à Rouen.

1859, 11 septembre. — Bénédiction solennelle de la chapelle de Notre-Dame-des-Flots, édifiée sur le bord de la falaise, tant au moyen de souscriptions, s'élevant à 15,000 fr., recueillies par M. l'abbé Duval - Pirou, curé de Sainte-Adresse, qu'à l'aide de dons faits généreusement par celui-ci, et montant à 18,000 fr. Cette fête, qui avait amené dans cette paroisse près de 10,000 personnes, eut lieu après une fort belle

cérémonie religieuse, célébrée dans l'église paroissiale, et une procession nombreuse. Ce jour avait
été choisi à cause de la fête patronale de Notre-
Dame-des-Flots.

1865, novembre. — Fondation, à Sainte-
Adresse, d'une Société de Secours mutuels, dont
les statuts ont été modifiés le 18 novembre 1875.
Cette Société a pour but de donner aux malades
les soins d'un médecin, de leur procurer des médi-
caments et une indemnité de chômage de un franc
par jour; en cas de décès, elle pourvoit aux funérailles et paye une assurance de 200 fr. aux membres de la famille les plus éprouvés par la décès.

Les sociétaires participants versent une coti-
sation mensuelle de 1 fr. 25, et les sociétaires
honoraires, une souscription annuelle de 15 fr.
Le capital social a plus que doublé depuis cinq
ans, ainsi que l'indique le tableau suivant :

| ANNÉES | MEMBRES | | CAPITAL |
	HONORAIRES	PARTICIPANTS	
1875	·77	180	12143, fr.
1876	75	188	15,304 »
1877	86	197	18,198 »
1878	89	204	21,722 »
1879	84	212	25,277 »

Cette société est administrée en ce moment

par un président, M. J. Alleaume ; un président honoraire, M. l'abbé Bellenger ; deux vice-présidents, MM. Edouard Langer et Anthime Gassen.

Signalons encore à Sainte-Adresse, l'existence de l'*Œuvre des Mères de Famille*, qui a pour but de procurer des vêtements aux enfants pauvres. Plus de 1,000 fr. ont été ainsi consacrés, en 1880, au soulagement de quarante familles indigentes.

1866. — M. François-Isidore Thieullent cesse ses fonctions de maire, qu'il remplissait depuis près de 30 ans (1). Il est remplacé, le 2 décembre 1866, par M. Jean-Anastase Boulard, son adjoint depuis le 5 septembre 1865. Celui-ci eut lui-même pour adjoint M. Harel, nommé le 1er février 1868, et remplacé par M. Jean-Marie Verspecke, le 4 août 1869. M. Verspecke a rempli les fonctions de maire depuis le mois d'octobre 1870 jusqu'au 16 avril 1871. Ensuite, M. Boulard a de nouveau occupé ce poste jusqu'au 8 octobre 1876. Il eut pour adjoint M. Grandmaison, en 1871 et 1874, puis M. Dufour, élu le 2 décembre 1871, démissionnaire le 10 février 1874.

1870. Guerre Franco-Allemande. — Le 22

(1) M. Thieullent habite toujours Sainte-Adresse où il a conservé le mandat de conseiller municipal, qu'il remplissait dès 1827, c'est-à-dire depuis 53 ans.

septembre, le Conseil municipal de Sainte-Adresse vote une somme de 1,800 fr. pour l'équipement de la garde nationale sédentaire.

Le 5 novembre, le même Conseil vote 4,000 francs pour l'équipement et la solde des gardes nationaux mobilisés, ces dépenses ayant été mises à la charge des communes. Le contingent fixé pour celle de Sainte-Adresse, fut porté à près de 10,000 fr.; mais elle n'eut pas les ressources pour l'acquitter intégralement.

Le même jour, 5 novembre, mort de M. l'abbé Duval-Pirou, curé de Sainte-Adresse, depuis près de 30 ans.

M. l'abbé Eugène-Victor Duval-Pirou, né le 13 mars 1805 à Montebourg (Manche), avait été ordonné prêtre le 5 juin 1830, puis nommé vicaire à la cathédrale de Chartres, vicaire à l'église de Saint-Patrice de Rouen, en 1835, et nommé curé de Sainte-Adresse le 12 août 1841. Il a été remplacé à cette cure par M. l'abbé Bellanger, ancien curé de Trouville, qui dessert encore la paroisse.

1870, 10 novembre. — La municipalité de Sainte-Adresse donne son adhésion au gouvernement de la Défense Nationale et son appui aux mesures qu'il a prises pour assurer l'intégrité et l'indépendance de la France.

A cette époque, une grande quantité de troupes étaient cantonnées dans la commune de Sainte-Adresse. Le Conseil municipal, considérant qu'il était sage d'avoir des approvisionnements en farines, avait voté l'achat de 100 barils de farine d'Amérique, représentant une somme de 4,000 francs.

1871, 25 janvier. — Vote d'une somme de 6,000 fr. destinée à procurer du travail aux ouvriers inoccupés par suite de la guerre, et qui manquaient de pain. Cette somme fut affectée, d'abord, aux travaux des chemins.

1871, 29 mai. — A la suite du vote émis le 22 mai, par l'Assemblée Nationale, proclamant que les armées de terre et de mer, ainsi que le président du Pouvoir exécutif, avaient bien mérité de la Patrie, le Conseil municipal de Sainte-Adresse vote aussi une adresse et « se fait un « devoir d'unir ses vœux à ceux émis pas l'As- « semblée Nationale, pour adresser à l'armée et « au chef du Pouvoir, ses sincères félicitations et « l'expression de sa vive reconnaissance. »

1874, 22 août. — Bénédiction et pose de la première pierre de la nouvelle église. Plusieurs personnes, touchées de l'état de vétusté et de dégradation où se trouvait l'ancienne église, s'étaient

réunies en comité, présidé par M. Emile Masquelier, dont la générosité est devenue proverbiale (1).
Celui-ci avait offert, notamment, un terrain d'une
superficie de 3,740 mètres ; on s'était mis à l'œuvre, au moyen de souscriptions privées, sans le
concours de la commune, ni du département,
ni de l'Etat ; et cependant, l'entreprise a pleine-
ment réussi.

1877. — Le 29 juillet figurera dans les dates
remarquables de l'histoire de cette paroisse : c'é-
tait le jour de la bénédiction solennelle de la nouvelle église, par Mgr le Cardinal-Archevêque de
Rouen.

Heureux de posséder un temple religieux
digne de leur charmant village, les habitants de

(1) Au risque de blesser la modestie de cet homme
de bien, nous ferons ici une petite comparaison : Sous
l'ancien régime, la paroisse ou plutôt l'église de Sainte-
Adresse avait pour bienfaiteur un *seigneur-patron*, qui
avait donné le sol et contribué à l'édification et à la
conservation de l'édifice, quoique dans les derniers
temps, il ait bien négligé ce devoir. Dans l'œuvre de la
nouvelle église, la paroisse de Sainte-Adresse a eu le
privilège de retrouver, dans M. Masquelier, un nouveau
patron appartenant, non pas à l'ancienne aristocratie,
mais à la bourgeoisie utile et active qui tend aujour-
d'hui à remplacer la première. Il peut, à juste titre, être
considéré comme le premier bienfaiteur de cette nouvelle église et le successeur de l'ancien seigneur-
patron.

Sainte-Adresse n'avaient pas attendu qu'il fut entièrement achevé pour en prendre possession.

La fête avait commencé le matin, par une distribution de secours aux malheureux qui avaient, eux aussi, le droit de se réjouir. Durant la matinée, le temps semblait peu favorable, un brouillard épais enveloppait le nouvel édifice et le vallon tout entier ; mais, fort heureusement, la pluie ne vint pas contrarier l'éclat de la cérémonie.

La nouvelle église, pavoisée de couleurs les plus variées, et ses alentours garnis de mâts vénitiens, donnaient au quartier un véritable air de fête. A 10 heures, la grand'messe était le prélude de la solennité religieuse. S. Em. fut reçue à la porte de l'ancienne église, par M. l'abbé Bellenger, curé, qui lui adressa la bienvenue, à laquelle Mgr répondit par quelques paroles bienveillantes.

L'après midi était le véritable moment de la fête. A 3 heures 1/4, la procession, où l'on remarquait quelques ecclésiastiques et plusieurs notables du Havre et de Sainte-Adresse, se dirigea vers la propriété de M. Masquelier, pour aller chercher Mgr de Bonnechose qu'elle conduisit devant le portail de la nouvelle église, où furent dites les prières liturgiques. Une foule nombreuse attendait aux abords de l'édifice, prête à l'envahir, si elle n'eut été maintenue par un détachement du 129e régiment de ligne.

Après la bénédiction extérieure eut lieu la consécration intérieure, à laquelle assistaient seulement quelques notables, le Conseil de Fabrique et le Conseil municipal. Puis, les portes ayant été ouvertes, l'église s'était trouvée remplie en un clin d'œil.

M. l'abbé Renaud, curé de Saint-Jouin, prononça avec éloquence un sermon de circonstance. Un salut solennel, exécuté en musique et présidé par Mgr de Bonnechose, termina à l'église la cérémonie ; puis, la procession retourna au presbytère au chant du *Te Deum*. Des quêtes, organisées dans la journée, furent très-fructueuses, tant la foule nombreuse paraissait sympathique à l'œuvre.

Dans la soirée, un banquet réunissait les autorités et les promoteurs de l'entreprise ; de brillantes illuminations, autour de l'église, lui donnaient un coup d'œil féerique, et un feu d'artifice terminait cette fête, dont le souvenir restera à jamais dans la mémoire de ceux qui y ont assisté.

1876, 8 octobre. — Election de M. Jules Alleaume, conseiller municipal depuis 1855, aux fonctions de maire de Sainte-Adresse, et réélection de M. Anthime-Théodore Gassen, commè adjoint; celui-ci exerçait déjà depuis le 25 septembre 1874. Ils ont été réélus en 1878.

1880, octobre-décembre. — Donation à la commune, par M. Masquelier, du terrain sur lequel l'église est édifiée, et remise, par le comité de souscription, de cet édifice, pour devenir propriété communale. Cette formalité terminant pour ainsi dire l'œuvre du comité de la nouvelle église, a été acceptée par le Conseil municipal, dans sa séance du 5 décembre 1880, et il a voté des remerciements à M. Masquelier et aux autres donateurs pour avoir doté la commune d'un édifice remarquable ayant coûté plus de 300,000 fr.

De plus, M. Masquelier a pris l'engagement de faire construire à ses frais une rampe d'accès devant le portail de l'église. Cette rampe, établie sur les plans de M. Barthelemy, architecte diocésain, rappelle, dans des proportions plus modestes, celle de l'église de la Sainte-Trinité de Paris.

De son côté, la commune fera exproprier et déblayer le terrain des constructions séparant actuellement l'église de la rue, et démolir l'ancien édifice.

1881, 23 janvier. — Election de M. Louis Lemaître, architecte de la Bourse du Havre, aux fonctions de maire, en remplacement de M. Jules Alleaume, démissionnaire pour des convenances personnelles. Cette élection eut lieu par 12 voix sur 13 votants. Le même jour, réélection, à l'unanimité, de M. Gassen comme adjoint.

LISTE DES SOUSCRIPTEURS [1]

Bibliothèque publique de Rouen.
     d°   d°   de Caen.
     d°   d°   de Dieppe.
Commune de Sainte-Adresse, 10 exemplaires.
Société Havraise d'Etudes diverses, 5 exemplaires
Ville du Havre, 25 exemplaires.

MESSIEURS.

ALLEAUME, Jules, maire de Sainte-Adresse, 4 exemplaires.
ALLEAUME, Armand, courtier à Sainte-Adresse, 2 ex.
Anonymes, 3 exemplaires.
BRIANCHON, à Gruchet-le-Valasse.
BUCAILLE, ancien géomètre au Havre.
BRAQUEHAIS, commis en librairie au Havre.
BELLENGER, curé de Sainte-Adresse, 3 exemplaires.
BAILHACHE, régisseur de biens au Havre.
BAUCHE, U., rentier à Sainte-Adresse.
BREDEL, Eug., propriétaire au Havre.
BOULONGNE (de), à Paris.

(1) La souscription ayant été faite en 1880, il n'a pas été tenu compte des changements de qualités qui sont survenus depuis le commencement de l'année 1881.

BALL, Ch., négociant à Sainte-Adresse.

BODEREAU, avocat au Havre.

BLANCHARD, Emile, au Havre.

BRIAND, hôtel des Phares, à Sainte-Adresse.

BARTHÉLEMY, Jacques-Eugène, architecte diocésain à Rouen.

BOULARD, ancien maire à Sainte-Adresse.

BAILHACHE-LAMOTTE, commerçant au Havre.

BOUYS, Ph., négociant au Havre.

BREKENDRIDGE, négociant à Sainte-Adresse.

BROOMHEAD, à Sainte-Adresse.

BALTHAZARD, Victor, courtier honoraire à Sainte-Adresse.

BINET, négociant à Sainte-Adresse.

BENARD, Charles, rentier, d⁰

CŒURÉ, avoué au Havre.

CECILLE, ancien notaire à Criquetot-l'Esneval.

CANU, A., commis greffier au Havre.

CANDON, H., jardinier à Sainte-Adresse.

CRESSENT, pêcheur, d⁰

COTÉ, loueur de voitures, d⁰

CARON, négociant, d⁰

CODY, ✳, et Mᵐᵉ CODY, à Graville-Sainte-Honorine, 2 exemplaires.

DOULLÉ, S.-H., ancien capitaine visiteur au Havre, 2 exemplaires.

DELAMARE, E. principal clerc d'avoué au Havre.

DROUET, docteur-médecin, d⁰

DUFOUR, L., propriétaire à Sainte-Adresse.

DUMONT, F., négociant d⁰

DALLENCOURT, rentier, d⁰

DUBOIS, F., instituteur à Bléville

DUPLESSY, ✳, maire de Sanvic, 2 exemplaires.

DUPLESSY, Arthur, fabricant de vitraux, au Havre.

DUMONT, Edouard, rentier à Paris.

DUMONT, Ernest, d⁰

DUVAL, curé de Notre-Dame du Havre.

Dourt, avoué, conseiller d'arrondissement au Havre.

Desquennes, L. fils, à Sainte-Adresse.

Duval, Louis, commis au Havre.

Delarue, Alexandre, rentier à Sainte-Adresse.

Delarue, Antoine,   d°   d°

Duflo, Victor, entrepreneur à Sanvic.

Devaux, professeur de Dessin au Havre.

Delaroche, H., ✹, négociant, membre de la Chambre de Commerce au Havre, 4 exemplaires.

Dennis, négociant à Sainte-Adresse.

Derode, propriétaire au Havre.

Daniel, rentier à Sainte-Adresse.

Duchemin, négociant,   d°

Fleury, V., ✹, secrétaire général de la mairie du Havre.

Farcis, rentier à Bléville.

Ferry, rentier à Valmont.

Fillastre, Rémy, à Bléville.

Firmy, Alexandre, instituteur à Sainte-Adresse.

Fremont, Alexandre, rentier   d°

Ferrée, Ch.,   d°   à Sanvic.

Guillot, à Sainte-Adresse.

Guerlin, rentier à Sainte-Adresse,

Gassen, adjoint au maire de Sainte-Adresse.

Guerrand, avocat, conseiller général, au Havre.

Godreuil, avocat au Havre.

Gouet, R., gérant de propriétés au Havre.

Gleizal-Sablière, contrôleur des Douanes à Sanvic.

Got, négociant à Sainte-Adresse.

Gavois, conservateur des Hypothèques au Havre.

Heuzey, banquier, vice-président de la Chambre de commerce du Havre.

Hallaure, rentier, maire de Bléville.

Haumont, avocat au Havre.

Huchon, architecte, adjoint au maire du Havre.

Herouard, entrepreneur à Sainte-Adresse.

Henry, clerc de notaire au Havre.

HANTIER, rentier à Sainte-Adresse.

HAGEMANN, D., négociant au Havre.

KELHAM, commis de négociant à Sainte-Adresse.

LECADRE, O. ✳, docteur-médecin, président de la Société
    d'Etudes diverses au Havre.

LECADRE, négociant au Havre.

LECOUR père, avoué au Havre.

LECOUR fils, au Havre.

LEMONNIER, cultivateur à Sainte-Adresse.

LEMONNIER, Eugène, propriétaire au Havre.

LADVOCAT, ingénieur municipal du Havre.

LEUDET, greffier de justice de paix au Havre.

LANGER, Ed., négociant à Sainte-Adresse.

LERICLE, menuisier,   do

LEMIÈRE, vicaire,   do   2 exemplaires.

LIARD, A., entrepreneur,   do

LAIGNEL, avocat au Havre.

LEMINIHY DE LA VILLEHERVÉ, avocat au Havre.

LEFRANC, rentier, vice-président de la Société d'Etudes
    diverses au Havre.

LAHURE, rentier au Havre.

LOBEL (DE), rentier à Sainte-Adresse.

LEBOUCHER, Jules, au Havre.

LEFIEUX, rentier à Sainte-Adresse.

LEPRIEUR, rentier,   do

LEMAITRE, commis au bureau des hypothèques au Havre.

LEGROS fils, banquier à Fécamp, 3 exemplaires.

LEGRAND, marchand de charbons à Sainte-Adresse.

LETELLIER, directeur de la Société des Archives photo-
    graphiques au Havre.

LANGLOIS, à Graville-Sainte-Honorine.

LEMORE, G., adjoint au maire à Sanvic.

LEFORT, secrétaire de la Société de Secours Mutuels de
    Sainte-Adresse.

LEMÉTAIS, trésorier de la Société de Secours Mutuels de
    Sainte-Adresse.

Lépine (de), capitaine visiteur au Havre.

Lecop, directeur d'assurances   dᵒ

Lemaitre, architecte, directeur de la Bourse du Havre.

Masquelier, Emile, ✳, négociant, membre de la Chambre de commerce du Havre, 4 exemplaires.

Malais, curé de Martin-Eglise.

Mallard, rentier à Sainte-Adresse.

Maire, O. ✳, docteur-médecin, président honoraire de la Société d'Etudes Diverses au Havre.

Deschamps, Médéric, rentier, conseiller général, maire de Montivilliers.

Mulot, négociant au Havre.

Marquezy, artiste peintre à Sainte-Adresse.

Marcel, ✳, notaire honoraire à Montivilliers.

Mainier, restaurateur à Sainte-Adresse.

Marchand, marchand de charbons à Sainte-Adresse.

Morin, Georges, négociant,   dᵒ

Noel, A., négociant au Havre.

Nicole, R.,   dᵒ   dᵒ

Oursel, A., avocat,   dᵒ

Oursel, Léonce, rentier, dᵒ

Oriot, Ch., négociant,   dᵒ

Pellot, Ch., rentier à Sainte-Adresse, 4 exemplaires.

Pellot, Eug., rentier,   dᵒ

Poupel, sous-bibliothécaire de la ville de Paris.

Platel, avoué au Havre.

Prudhomme, au Havre.

Perriot, à Sainte-Adresse.

Powilewicz, docteur-médecin à Sainte-Adresse.

Quesnel, A., négociant,   dᵒ

Rose, propriétaire,   dᵒ

Rœssler, Ch., archéologue au Havre.

Siegfried, J., ✳, maire du Havre, 2 exemplaires.

Séguin, directeur d'assurances au Havre.

Spinelli, rentier à Sainte-Adresse.

Samson, négociant,   dᵒ

VALETTE, Henry (l'abbé), rédacteur du *Journal les Mondes* à Paris.

VERNISSE, L., propriétaire à Sainte-Adresse.

VERSPECKE, Ernest, commis de négociant à Sainte-Adresse.

VIEILLARD, rentier au Havre, 2 exemplaires.

VERPONT, G., à Sanvic, 2 exemplaires.

TOUGARD, l'abbé, docteur ès-lettres, professeur au petit séminaire de Rouen.

TAMARITÉ, courtier au Havre.

TOUTAIN, architecte,   do

THIEULLENT, rentier, ancien maire de Sainte-Adresse.

THIEULLENT fils,   do

THIERRY, avoué au Havre.

TOUSSAINT, avocat,   do

TROTEUX, Léon,   do

TOURNEUR, entrepositaire à Sainte-Adresse.

YÉBLERON, Louis, rentier, membre de la Chambre de commerce du Havre.

WOUTERS, ✳, rentier,   do

MESDAMES,

CAMAU, rentière à Sainte-Adresse, 2 exemplaires.

DENTU, marchande bouchère à Sainte-Adresse.

DURAND, A., rentière,   do

FARCIS,   do   do

FOURNIER, au Havre.

HAMEL, rentière à Sanvic.

LEBRETON, épicière à Sainte-Adresse.

NAPIER, rentière,   do

O'REILLY, F., au Havre, 2 exemplaires.

PAILLETTE, L., rentière à Sainte-Adresse.

PRADER,   do   do

STIL, rentière à Sanvic.

Mlle ANGAMMARE, Céleste, à Sainte-Adresse.

———————

TABLE DES MATIÈRES

ACHEVÉ D'IMPRIMER
LE VINGT-HUIT FÉVRIER MIL HUIT CENT QUATRE-VINGT-UN
PAR LÉOPOLD DURAND
IMPRIMEUR A FÉCAMP, PASSAGE SAUTREUIL

www.ingramcontent.com/pod-product-compliance
Lightning Source LLC
Chambersburg PA
CBHW061435030726
47503CB00005B/1430